나와 세상을 바꾸는
기획의 비밀

나와 세상을 바꾸는
THE SECRET OF PLANNING
기획의 비밀

김종규 지음

중앙경제평론사

▪▪▪ 머 리 말

　실용주의 정치를 모토로 내세운 이명박 후보가 17대 대통령으로 당선 되었습니다. 선거기간 내내 우리는 '실용'이라는 단어를 귀가 아프도록 들었습니다.

　그 무렵 누구나 한번쯤 가졌을 법한 '실용의 진정한 의미가 무엇일까?' 라는 의문을 품고 있던 필자는 마침 집필 계획 중이던 기획 아이템에 실용을 접목시켜 보기로 했습니다.

　LG그룹에서 20년간의 회사 생활과 조직에서 인재육성 팀장으로서 직원들의 변화를 주도적으로 담당했던 사람으로서 뿐만 아니라 기획 관련 전문 컨설턴트로서, 또한 내게 가장 큰 영향을 주고 있는 하나님과의 지속적인 인격적 만남 속에서 깨달은 '실용적으로 일한다는 것의 진정한 의미'를 되새기며 이 책을 쓰게 되었습니다.

　실용이란 고객에 대한 끊임없는 관심과 연구를 통해서 나올 수 있습니다. 이제 우리는 겉만 화려하고 알맹이 없는 일을 하는 데에서 벗어나 참으로 고객에게 유용한 서비스를 제공하기 위해 기존의 사고나 업무를 혁신할 필요가 있습니다.

　이 책은 앞에서 언급한 것처럼 우리의 궁극적인 목표인 고객가치의 혁신 관점에서 썼습니다. 즉 문제해결에 필요한 원리와 사고, 절차가 담겨져 있어 어떤 조직, 어느 누구나 자신의 업무를 고객지향적이며, 전략적 혹은 실용적으로 처리하고자 한다면 유용하게 활용할 수 있는 안내서입니다.

따라서 이 책을 마칠 때쯤에는 여러분은 실용기획의 의미를 정확히 아는 것은 물론이고, 기획의 7가지 마인드, 3가지 기획적 사고와 기획의 5단계에 대해서도 파악할 수 있을 것입니다.

업무에 돌아가서는 이전과 달리 전략적, 창의적으로 할 수 있는 역량을 지니게 되고, 또한 고객 한분 한분을 만족시키며, 더 나아가 감동시킬 수 있는 사람으로 다시 태어날 것으로 믿습니다.

아무쪼록 이 책이 자신의 업무를 혁신적이고, 창의적이며 성과지향적이길 바라는 열정 있는 독자들에게 도움이 되기를 간절히 바랍니다.

이 책의 전체 틀과 디자인에 기여한 이혜미씨에게 감사를 표합니다.

지금까지 나를 인도해주시고, 실용의 의미를 알게 해주시고, 진정으로 합력해서 선을 이루시는 하나님께 이 책과 모든 영광을 돌립니다.

김종규

c·o·n·t·e·n·t·s

1 |chapter| 기획은 나와 세상을 바꾸는 설계도이다

일상의 모든 일은 기획에서 시작된다 · 13
기획과 계획은 아주 다르다 · 15
기획은 방향성을 가진 창조활동이다 · 17
비즈니스 성공 여부도 기획에 달려 있다 · 20
기업도 기획력 있는 인재를 선호한다 · 22
    point 창의적 기획력이 성공의 열쇠 · 25

2 |chapter| 최강의 기획자가 되기 위한 7가지 기획 마인드

기획자가 명심해야 할 7가지 기획 마인드 · 29
  ① 문제 의식에서 출발하라 · 30
  ② 과학적이고 전략적인 사고와 툴(tool)을 사용하라 · 31
  ③ 문제의 근본원인을 정확하게 파악하라 · 32
  ④ 혁신적이고 창의적인 아이디어를 모색하라 · 33
  ⑤ 설득력을 높이기 위해서 논리적으로 표현하라 · 34
  ⑥ 통과된 기획안은 반드시 실행하라 · 34
  ⑦ 지속적으로 유지 관리되도록 체크하라 · 35
    point 성공 기획의 3대 요소 · 37

3
|chapter|

실용기획을 하기 위한 3가지 기획적 사고

기획적 사고란 무엇인가 · 41
가설지향 사고 · 42
　· 기획에서 가설이 필요한 이유 · 42
가설지향 사고의 목적 · 44
　· 가설의 설정 방법 · 46
　· 어떤 가설이 좋은 가설인가 · 47
　· 가설의 검증도 중요하다 · 48
　· 가설의 검정 계획 수립 · 49
　· 가설의 실전 사례 · 50
사실지향 사고 · 52
　· 기획에서 사실 확인은 중요하다 · 52
　· 사실지향 사고에서 숫자의 중요성 · 54
제로베이스 사고 · 56
　· 백지 상태에서 시작하라 · 56
　· 제로베이스 사고의 절차 · 57
　· 제로베이스 사고의 활용 · 58
　· 제로베이스 사고 실전 사례 · 59
　　point 3가지 기획적 사고 비교 · 60

4
|chapter|

비즈니스맨을 위한 5단계 실전기획

5단계를 거쳐 완성하는 실전기획 · 65
1단계 – 문제의 발견 · 67
　· 문제를 발견하는 방법 · 67
　· 문제의 종류 · 69

- 문제발견의 1단계 : 정의 · 72
- 문제발견의 2단계 : 세분화 · 73
- 문제발견의 3단계 : 목표 = 과제 설정 · 73
  point 문제발견의 핵심 · 76

2단계 – 원인분석 · 78
- 문제해결의 열쇠 근본원인을 찾아라 · 78
- MECE 사고와 Logic Tree를 이용한 원인 찾기 · 79
- MECE의 의미와 활용 방법 · 80
- Logic Tree를 이용한 원인분석 · 82
- 원인분석시 Logic Tree 활용 이유 · 84
- Logic Tree를 작성하는 방법 · 85
- Logic Tree는 세분화 기준축 설정이 중요하다 · 86
- Logic Tree의 실전 사례 · 88
- Fish-bone 다이어그램을 이용한 원인 찾기 · 89
- 찾아낸 원인검증하기 · 90
- 원인검증 · 91
- 성공요소(KFS)와 Bottlenecks 찾기 · 92
  point 올바른 원인분석 하기 · 95

3단계 – 해결안 찾기 · 96
- 해결안 찾기의 절차 · 96
- 문제 해결의 전제조건 창의력 · 98
- 창의력 사고의 4가지 구성요인 · 100
- 브레인스토밍으로 창의력 개발하기 · 101
- 브레인스토밍의 기본 원리 · 102
- 브레인스토밍 회의 절차 · 104
- 브레인스토밍의 단점 · 107
- SCAMPER 사고로 문제해결 방법 찾기 · 110
- SCAMPER의 활용 사례 · 111

- Logic Tree를 이용한 해결 방법 찾기 · 115
- 찾아낸 해결 방법의 평가 및 선정 · 121
- point 해결안 찾기의 여러 방법 · 123

4단계 – 해결안 적용하기 · 124
- 실행계획을 수립하라 · 124
- 컨티전시 플랜 · 128
- 해결안 실행 절차 · 129
- point 해결안의 실행 원칙 · 131

5단계 – 유지·관리 · 132
- 실행 후 평가하라 · 132
- 유지·관리에 최선을 다하라 · 134
- point 실행안의 유지·관리의 중요성 · 135

5 |chapter| 실용 기획서 작성하기

기획서 작성법 · 139
- 기획서 작성의 5가지 원칙 · 139
- 기획서를 잘 쓰는 요령 · 141
- 기획서 도해로 승부하라 · 143
- point 기획서 작성 원칙과 사명 · 146

chapter
01

기획은 나와 세상을 바꾸는 설계도이다

일상의 모든 일은
기획에서 시작된다

우선 여름휴가를 떠올려 봅시다. 가족과 함께 모처럼 해외여행을 간다면 어떻게 하시겠습니까? 그냥 기분내키는 대로 장소와 날짜를 정해서 아무런 계획 없이 갑니까?

물론 아니겠죠! 적어도 한 달 전부터 여름휴가에 대한 철저한 분석과 조사, 그리고 가능한 상황과 여건을 고려하여 가장 효과적이고 경제적이며, 의미 있는 휴가를 기획할 것입니다.

그럼 이번에는 냉장고를 한 대 구입한다고 생각해 봅시다.

이때도 저렴하고 성능 좋은 냉장고를 구매한다는 목표를 설정하게 되고, 이를 위해서 인터넷 사이트를 검색하거나 주변 사람들에게 물어보고, 또는 잡지나 신문 광고, 대리점 방문이나 홈쇼핑 TV 시청 등을 통해 기초정보를 조사합니다.

또 여러 냉장고를 놓고 성능의 장단점과 가격, 전기료 등을 꼼꼼하게 비교 평가하여 가장 마음에 드는 냉장고를 선택하게 됩니다.

이처럼 우리는 일상생활의 거의 모든 부분에서 의식적이든 무의식적이든 기획 과정을 밟습니다.

> **TIP**
>
> 어떻게 문제해결의 목표를 세울 수 있는가? 우선 문제의 정체를 확실히 규정해야 한다. 문제의 속성 중의 하나는 애매함이다. 또 다른 성격은 무질서, 즉 혼란함이다. 문제를 분명하고 질서 있는 형태로 만들 수 있다면 문제해결의 실마리를 잡은 것이다. "ㅇㅇㅇ이 문제이다"라고 확실히 규정할 수 있어야 한다.
>
> 《명품인생을 창조하는 목표관리와 자아실현》 중에서

기획과 계획은 아주 다르다

여러분은 기획을 무엇이라고 생각하십니까?

기획을 잘 안다고 믿고 있거나, 실제로 기획 업무를 진행한다고 하면서 관례적으로 전년도에 사용한 계획서를 수정 보완한다든지, 기획적 사고나 절차 없이 선배들이나 상사에게 배운 업무 스타일로 일을 하지 않습니까?

많은 사람들이 '올바른 기획'을 하고 있지 않고, 기획한 해결안을 마지막에 실행하는 '계획'에 대한 계획서를 기획으로 알고 있는 것 같습니다.

다시 말하면 필자가 정의하고 있는 기획을 하고 있지 않는 것입니다. 따라서 우리가 명확한 개념을 가져야 할 기획과 계획에 대해서 알아보겠습니다.

기획하면 우리는 흔히 계획이라고 생각하기 쉽습니다. 하지만 기획과 계획은 엄청난 차이가 있습니다.

| 기획과 계획의 차이 |

기획(Planning)	계획(Plan)
효과성(What to do) Why to do that Do right things 목적-전략-경쟁우위	효율성(How to do) Cost, Schedule, Who Do things right 목표-전술-자원제약

· 계획은 기획의 한 부분이다
· 기획의 절차 없이 만들어진 계획은 위험한 Plan이다

우선 그 차이를 간단하게 정리한다면 다음과 같습니다.

기획은 '무엇을, 왜?' 라는 명제 하에 옳은 일을 하는 것을 나타내며, 계획은 어떻게 일을 옳게 하는지를 나타낸다고 볼 수 있습니다.

즉 기획의 5단계인 4번째 단계에서 논의될 도출된 해결안을 '누가, 언제, 어디서, 무엇을, 어떻게, 왜'와 같은 '6하 원칙'에 입각해 구체적인 실행계획을 수립해서 실행하는 것을 계획이라고 합니다.

기획은 '목적-전략'으로 나타낼 수 있으며, 계획은 '목표-전술'로 나타낼 수 있습니다.

이처럼 기획과 계획은 전혀 다른 것이며, 우리는 궁극적으로 기획을 할 수 있는 능력을 키워야 합니다. 그래야 경쟁력 있고, 참신하며, 고객을 만족시키는 대안을 수립할 수 있습니다.

기획은 방향성을 가진 창조활동이다

직장인들의 큰 고민 가운데 하나는 기획이 도대체 뭔지 감이 잘 안 잡힌다는 점입니다. 즉 새롭게 시작하는 업무에 대해서 기획을 하고 기획서를 작성하지만 늘 자신감이 없고, 그로 인해 생기는 위축감이나 불안감을 어떻게 극복해야 할지 모르겠다는 점입니다.

그렇다고 어디서, 어떻게, 누구에게 배워야 좋을지 잘 모르는 상황입니다. 우리의 동료나 선배 하물며 상사나 팀장들도 잘 모르고 있는 경우가 많습니다.

그래서 기획이란 귀찮다, 기획은 어떻게 하는지 모르겠으며 어려운 것 같다, 기획할 시간적 여유도 없으며 정보도 부족하다, 창의적인 기획을 하다 보면 많은 제약들이 따른다는 등 기획을 어렵게만 생각하는 분들이 적잖습니다.

아예 기획은 기획부서나 몇몇 능력 있는 사람이 하면 되지 모든 사

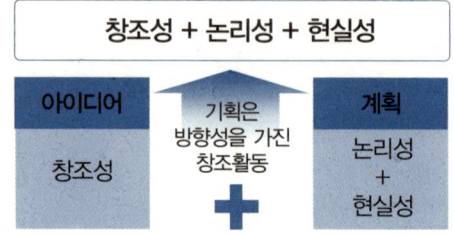

람들이 할 필요가 없다거나 또는 특정 회사나 특정 업무에 대해서 특정 사람들만 하는 것이라고 생각하는 분들도 많습니다.

가장 단순하게 말해서 기획이란 어떤 문제에 대해 자신이 생각하는 바를 구체적으로 그려내는 일을 말합니다. 즉 개발, 발전, 개선 아이디어 등 업무와 관련된 자기 생각을 구체화하여 실현 가능한 제안으로 전개시키는 작업인 것입니다.

기획의 의미 속에는 '창조성', '논리성+현실성'이라는 요소가 포함되어 있습니다. 어떠한 기획이라도 논리적이며, 문제를 개선하고 타개하기 위한 새로운 해결안과 실행력을 창출해야 의미가 있는 것입니다.

기획은 실행을 전제로 하고 있기 때문에, 단순히 기획자의 머릿속 생각을 기획이라고 할 수는 없습니다. 한 마디로 기획은 방향성을 가지고 실행하는 창조활동이라고 볼 수 있습니다.

한편 우리의 기획서가 고객의 진정한 의견이 반영되는 기획서로 거듭 나려면 조직에서 올바른 기획을 할 수 있는 분위기가 조성되고, 채택된 기획이 끝까지 잘 진행되도록 리더십을 발휘하는 리더의 역

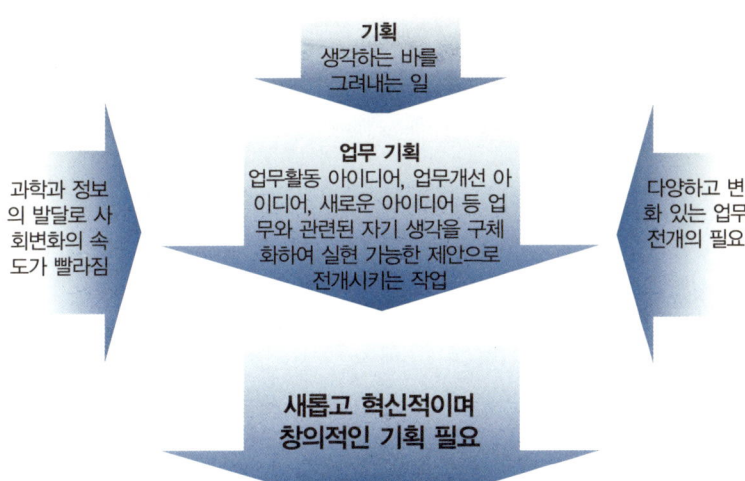

할이 반드시 필요합니다.

  이 책의 근본 목적은 기획의 실체를 정확히 보여주어 모든 사람이 충분한 자신감을 가지고 자신의 업무를 창의적이며 효과적으로 추진할 수 있도록 하기 위함입니다.

비즈니스 성공 여부도 기획에 달려 있다

　오늘날 치열한 경쟁과 수시로 변하고 있는 고객의 욕구에 대응하여 궁극적인 고객만족에서 더 나아가 고객감동을 이루어내기 위해서 필요한 역량 중에서 가장 중요한 것이 바로 기획력입니다.
　이런 경영환경에서 우리는 고객의 가치를 혁신하기 위해서 끊임없이 우리의 업무를 혁신해야 합니다. 고객에게 유익한 일을 용의주도하게 실행하는 전략적 사고와 기획적 절차를 모르면 고객을 결코 감동시킬 수 없습니다.
　지속적으로 변하는 환경과 고객의 욕구를 선도하고 이끌려면 고객 자신도 미처 깨닫지 못하는 가치를 찾아내야 합니다. 이 때 필요한 능력이 바로 기획력 즉, 문제해결력입니다.
　또 모든 조직의 승진이나 평가의 가장 중요한 잣대의 하나가 바로 기획력입니다. 기획을 잘하는 직원과 못하는 직원의 대우는 크게 차이가 납니다.

　기획은 생존을 위해서만이 아니라 우리 자신의 희망과 꿈을 현실로 바꾸기 위한 활동입니다. 그러므로 어느 한 사람에게만 국한된 것이 아니라 모든 조직에서 누구나 해야 하는 없어서는 안 될 중요한 업무활동입니다. 우리가 매일 하고 있는 일상의 업무는 기획활동과 그 실천에 있다고 해도 결코 지나친 말이 아닙니다.

때로는 업무수행 속도를 늦출 필요도 있다. 행동을 취하기 전에 문제를 해결할 방법을 먼저 생각하게 하라. 결정은 올바른 과정을 통해 내려져야 한다. 확실하지 않은 것에 대해서는 기다려라. 인내야말로 원하는 목표를 보다 빠르게 달성하게 하기 위한 올바른 길이다.

《현명한 코칭이 인재를 만든다》 중에서

기업도 기획력 있는 인재를 선호한다

2006년 5월 10일자 〈뉴스위크〉에 실린 기사에 따르면, 미국도 취업은 물론 고액연봉을 가르는 기준이 기획에 관련된 분야라고 합니다. 미국의 전체 일자리 중 3분의 2가 기획에 관련된 능력이 필요한 자리고, 고임금 직종인 서비스, 금융, 보험, 부동산 부문 등으로 가면 80%가 기획에 관련된 능력과 직결 된다고 합니다.

〈주간 조선〉이 한 외국계 기업 인사담당자와 인터뷰 했는데, 신입사원 전원이 토익 900점을 넘길 정도로 영어 실력은 뛰어나지만 가끔 보고서나 기획서를 쓰거나 발표할 기회가 생기면 내용이 없고 논리가 너무 단순해 깜짝 놀라기 일쑤였다고 합니다.

또 직장인 870여 명을 대상으로 기획에 관한 설문조사를 한 결과, 응답자의 약 72%가 '업무상 기획에 어려움을 느낀다'고 답했고, 이들 중 약 59%는 '한 차례 이상 상급자 등으로부터 재작성 지시를 받

> **변화의 시대에 경쟁력 있는 사람은 누구일까**
>
> ❶ 문제의식이 있는 사람
> ❷ 문제해결 능력이 있는 사람
> ❸ 한마디로 기획력이 있는 사람이라고 할 수 있다.

는다'고 응답했습니다.

몇 년 전 전경련에서 200여 개 회원사를 대상으로 기업이 대학에 개설되기를 희망하는 교과과정(복수 응답)을 조사한 결과를 보면 역시 기획에 관련된 분야가 많았다고 합니다.

구체적으로 살펴보면, 기업들이 대학에서 개설되기를 희망하는 교과내용은 개인역량 부문이 가장 많았으며, 다음으로 태도 및 가치관 부문, 조직역량 부문, 국제화 능력 부문 등을 꼽았습니다.

이 가운데 개인역량 부문에서는 기획 · 문서작성, 프리젠테이션 능력, PC활용, 경영학 기초, 문제해결 기법, 기업실무 등의 순으로 나타났으며, 나아가 이와 관련된 과목이 개설되기를 바라고 있는 것으로 조사되었습니다.

| 기획력을 갖춘 사람의 특징 |

전략적이고 합리적인 사고방식을 가진 사람	미래를 예측하고 통제할 수 있는 능력을 갖춘 사람	주변에서 일어나는 현상들에 대해 '설명'할 수 있는 사람
기획력 (X) : 자기아집이나 고집을 부림	기획력 (X) : 미래를 예측할 수 없기 때문에 환경 변화에 지배받게 됨	기획력 (X) : 근거 없는 주장을 펼침

이러한 조사 결과는 현실적으로 기업이 신입사원에게 기대하는 자질은 외국어 능력 등 단순한 실무지식보다는 기업내에서 발생한 문제의 해결이나 목표 달성을 위해 필요한 절차나 방법을 체계적으로 표현해내는 기획 능력을 더 요구함을 알 수 있습니다.

이와 같은 기획 능력은 비단 기업뿐만 아니라 공공기관, 각종 조직이나 단체에서도 반드시 요구하는 자질이라고 할 수 있습니다. 한마디로 기획력은 어떤 조직의 구성원으로 있든 간에 그곳에서 조직의 목표를 달성하고, 개인적 성취를 이루기 위해서는 다른 어떤 능력보다 우선 습득해야 할 핵심 능력입니다.

TIP

'How'를 찾는 연습을 하십시오. 어떻게 차별화할 것인가? 어떻게 도표화할 것인가? 어떻게 시각화할 것인가? 등등 '어떻게'를 연발하십시오. '어떻게'를 연발하면 결과가 달라집니다.

《하루 1분》 중에서

 **창의적 기획력이 성공의 열쇠**

기획이란 생각하는 바를 그려내는 일을 말한다. 즉 개발, 발전, 개선 아이디어 등 업무와 관련된 자기 생각을 구체화하여 실현 가능한 제안으로 전개시키는 작업을 말한다. 다시 말하면 기획은 방향성을 가진 창조활동이다.

기획의 본질이란 '문제의식을 통해서 문제를 발견하여, 과학적이고 전략적인 사고와 툴로 근본원인을 찾아내고, 혁신적이며 창조적인 해결안을 도출하여, 관련 당사자를 설득 이해시켜 반드시 해결책을 실행하고, 그 실행안을 지속적으로 관리하는 전 과정'을 뜻한다.

과학과 정보의 발달로 사회 변화의 속도가 빠른 요즘 시대에는 다양하고 변화가 있는 업무 전개를 필요로 한다.

기획은 우리의 희망과 꿈을 현실로 바꾸기 위한 활동이다. 그러므로 어느 한 사람만 국한된 것이 아니라 모든 조직에서 누구나 해야 하는 없어서는 안 될 중요한 업무활동이다. 우리가 매일 하고 있는 일상의 업무는 기획활동과 실천에 있다고 해도 결코 지나친 말이 아니다.

chapter

02

최강의 기획자가 되기 위한
7가지 기획 마인드

기획자가 명심해야 할 7가지 기획 마인드

7가지 기획 마인드란 문제의식을 통해 문제를 발견하고, 과학적, 전략적 사고와 툴로 근본원인을 찾아내며, 또한 혁신적, 창조적인 해결안을 도출해 관련 당사자를 설득하고 이해시켜 반드시 실행하며, 그 실행안을 유지하고 지속적으로 관리하는 과정을 말합니다.

7가지 기획 마인드를 종합해 보면 다음과 같습니다.

> ① 기획은 문제의식에서 출발한다.
> ② 과학적이고 전략적인 사고와 툴을 사용한다.
> ③ 문제의 근본원인을 찾아낸다.
> ④ 혁신적이고 창조적인 해결안을 찾는다.
> ⑤ 논리적으로 설득하고 이해시켜 승인권자의 승낙을 얻는다.
> ⑥ 통과된 기획안은 어떠한 경우에도 실행한다.
> ⑦ 그 실행안이 지속적으로 유지·관리되도록 한다.

그러면 기획의 7가지 마인드의 각 항목에 대해서 구체적으로 살펴보겠습니다.

① 문제의식에서 출발하라

현실에 만족하지 않고 문제가 되고 있거나 될 가능성이 있는 부분을 새로운 시각에서 스스로 찾아나가는 것을 문제의식을 갖는다고 합니다.

문제의식을 가지는 데 방해되는 요소들에는 목표가 없는 생활, 도전 정신의 결여, 질문을 억압하는 풍토, 정보 감각의 마비 등을 들 수 있습니다.

"좋은 과제가 없이 좋은 기획은 탄생하지 않는다."

그렇다면 좋은 과제는 어떻게 찾아지는 것일까요. 과제 착안을 위해 시장조사법이나 발상법 등이 있기는 하지만 무엇보다도 중요한 것은 여러분들 각자의 치열한 문제의식입니다. 그것은 자신의 일에 대한 긍지이며, 성취를 통해서 자신의 가치를 확인하려는 강렬한 자아개념입니다.

즉 기획과제는 수많은 방법론 이전에 절실하고 분명한 삶과 일의 목표의식, 변화와 성장을 향한 갈증, 폭넓고 깊이 있는 호기심과 같은 일상생활의 태도 속에서 찾아지는 것입니다.

바꾸어 말하면 방법론이라는 것은 문제의식이 높은 사람이 사용하면 효과를 올리지만, 그렇지 않는 사람에게는 아무런 효용이 없다는 것입니다. 문제의식이 높은 사람은 모든 장면을 기획의 과제로 연결시킬 수 있습니다.

기획을 잘하려면 매사에 목표의식을 갖고 호기심을 강하게 발동시켜야 합니다.

일에 대한 애정과 고착화된 현실을 변화시키고자 하는 뜨거운 열정을 품어야 합니다.

그리고 시대와 시장의 모든 것들을 자신과 회사의 문제로 연결시켜 보는 자세를 가져야 합니다.

이러한 생각을 바탕으로 한다면 기획과제의 대상은 주변 어디에나 있음을 알게 됩니다.

② 과학적이고 전략적인 사고와 툴(tool)을 사용하라

기획이란 다시 말하면, '전략적 문제해결'이라고 할 수 있겠습니다.

우리가 함께 학습할 기획의 사고와 툴은 1923년 설립된 이후 세계에서 가장 성공적인 전략컨설팅회사로 성장한 맥킨지의 시스템을 뼈대로 한 것입니다.

현재 전세계에 84개의 사무소와 89개국 출신 7,000여 명의 전문

인력을 보유한 세계에서 가장 권위 있는 회사의 직원들이 사용하는 문제해결 툴이자 시스템입니다.

어떤 문제해결 툴을 사용해도 되지만, 이와 같이 검증되고, 과학적이며, 전략적인 툴 없이 하는 기획은 진정 고객이 원하는 문제해결을 달성할 수 없습니다. 그러므로 반드시 기획을 위한 사고, 툴, 절차를 학습하여 자신의 기획업무에 적용해야 합니다.

③ 문제의 근본원인을 정확하게 파악하라

우리는 종종 기획을 할 때 그 문제의 원인을 찾아 해결안을 도출하기 위해 긴 시간 동안 많은 노력과 인력, 비용을 들여서 실행합니다. 그러나 시간이 지나면서 또 다른 문제들이 발생합니다. 그래서 또 다른 대안을 도출해서 실행하지만 계속해서 문제들이 발생합니다.

왜 이런 일이 일어날까요? 반드시 찾아야 할 문제의 '근본원인'을 찾지 못했기 때문입니다.

근본원인을 해결하지 않고서는 문제를 해결할 수 없습니다. 그래서 자꾸 문제들이 발생하는 것입니다. 병도 그 병의 근본원인을 발견하지 못하면 치료가 어렵고 재발이 됩니다. 근본원인을 알아야 가장 강력한 처방을 할 수 있습니다.

비록 힘들지만 근본원인을 찾아서 해결해야만 추후에 더 많은 시간과 비용을 절약할 수 있습니다. 눈에 보이는 현상과 피상적이 것에 현혹되지 말고 그 이면에 숨어 있는 실체 즉, 문제의 본질을 볼 수 있어야 합니다.

④ 혁신적이고 창의적인 해결안을 모색하라

우리가 기획을 통해서 도출한 대안들이 기존의 것과 별로 차이가 없거나 참신성이 떨어져서 고객을 감동시킬 수 없다면 다시 한번 제고해 보아야 합니다. 여기서 혁신적이고, 창의적인 것의 기준은 고객의 평가에 있습니다.

고객감동 요소에는 기본만족 요소, 고객만족 요소, 고객감동 요소, 이렇게 세 가지 요소로 나눌 수 있는데 우리의 해결안은 적어도 고객만족 요소를 넘어 감동요소가 되어야만 합니다.

그러기 위해서는 기존의 사고방식을 뛰어넘는 혁신적이며 창의적인 해결안을 도출해야 합니다.

진정 고객들이 깜짝 놀랄 만한 블루 오션 지향의 혁신 아이디어를 창출해야 되겠습니다.

⑤ 설득력을 높이기 위해서 논리적으로 표현하라

해결책을 찾았다고 하더라도 그것이 우리의 승인권자에게 전달되어 수용되기 전까지는 아무 가치가 없습니다. 그 해결책이 가치를 얻기 위해서는 자신의 기획안을 분명하고 간결하게 전달하고, 상대방으로부터 해결책에 대한 동의를 얻을 수 있어야 합니다.

승인을 얻으려면 고객관점의 기획서를 작성하고 프레젠테이션도 잘해야 합니다. 프레젠테이션에서 성공하려면 분명하고 알기 쉬운 방법으로 상대방에게 논리를 전개해야 합니다.

프레젠테이션은 기획자의 논리적이며 전략적인 사고 과정을 보여주는 것입니다. 사고가 분명하고 논리적이면 프레젠테이션도 당연히 그렇게 됩니다. 반대로 사고가 불분명하다면 우리의 기획안도 논리적으로 표현할 수가 없습니다.

⑥ 통과된 기획안은 반드시 실행하라

우리가 우수한 조직을 평가할 때 그 조직의 전략이나 시스템보다 우선 보는 것이 바로 실행력입니다.

오늘날 우리가 벤치마킹하는 글로벌 조직은 대부분 무엇보다도 하기로 한 해결책을 어떠한 어려움이 있더라도 반드시 실행하는 조직

문화를 가지고 있습니다.

우리가 잘 아는 도요타만 보더라도 자신들의 혁신을 거의 50년 이상 실행해오고 있습니다. 도요타에서는 아무리 훌륭하고 뛰어난 해결책이라도 실행되지 않으면 아무런 의미가 없다고 주장합니다.

기획력도 결국은 '기획 + 실행력' 입니다.

"Knowing Doing Gap" 이라는 말이 있습니다. 즉 아는 것과 실행하는 것의 차이를 얼마나 줄이느냐가 훌륭한 조직이 되는 필수요건인 것입니다. 각자가 기획한 해결책을 반드시 실행하고자 하는 열정과 끈기가 있어야 우리의 기획안이 비로소 꽃을 피울 수 있습니다.

비록 해결책이 다소 부족하더라도 실행하면서 보완하고 개선하면 됩니다. 아무것도 하지 않으면 0이지만, 무엇이라도 하면 50점 이상은 되기 때문입니다.

⑦ 지속적으로 유지 관리되도록 체크하라

앞에서 실행의 중요성과 필요성에 대해서 강조하였습니다. 우리가 공들여서 만든 해결책이 실행을 통해서 개선 보완되고 이것이 지속적으로 유지관리 되어야 비로소 완전한 하나의 해결책으로 자리매김할 수 있습니다. 그렇게 되기 위해서 실행 후 철저한 실행에 대한 평가가 있어야 합니다.

실행만 하고 그 결과를 평가하지 않으면 진행절차 가운데 개선점이나 더욱 보완해야 할 사항을 놓침으로써 더 이상의 발전이 없습니다. 결국 유지, 관리되기 위해서는 점검할 수 있는 툴과 눈으로 관리가능한 시스템, 마지막으로 담당자가 있어야 합니다.

필자는 수많은 참신한 기획안이 한번에 끝나는 쇼트 타임의 쇼(show)와 같은 행사로 끝나는 예를 많이 보았습니다. 그래서 시간이 지나면 또 다시 그 문제를 해결하고자 시간과 자원을 낭비하지요. 그리고 실행안이 실행팀 몇 명만 알고 끝나는 경우도 자주 보았습니다. 우리의 기획안이 다른 모든 조직원들에게 공유되고, 전파되기 위해서 매뉴얼 제작 및 전파교육 등이 필요합니다.

우리의 성과가 가치 없이 버려져서는 안 됩니다. 우리의 기획안이 1회성이 아닌 지속적인 개선과 보완작업이 이루어지면서 유지 관리되는 생명력 있는 기획안으로 거듭나도록 사후관리를 철저히 하는 것도 매우 중요합니다.

 ## 성공 기획의 3대요소

① 문제해결 방법에 대한 지식이 있어야 한다.
문제에 대한 접근 방법을 적절하게 사용할 수 있어야 한다. 문제에 대한 접근 방법은 일반적인 문제에서 적용되는 접근 방법과 전문영역에 따라 독특한 접근 방법이 있다.

② 문제관련 지식에 대한 전문가가 되어야 한다.
해결하고자 하는 문제에 대한 지식이 있어야 풀 수 있다. 해당업무에 대한 풍부한 지식과 경험을 쌓아야 할 것이다.

③ 문제해결자의 도전의식과 끈기가 있어야 한다.
문제를 해결하고 성과를 도출하고자 하는 문제해결자의 개선의식, 도전의식, 끈기가 있어야 한다. 특히 팀 단위 문제해결인 경우에는 상호간의 팀웍과 의사소통이 중요한 요건이 된다.

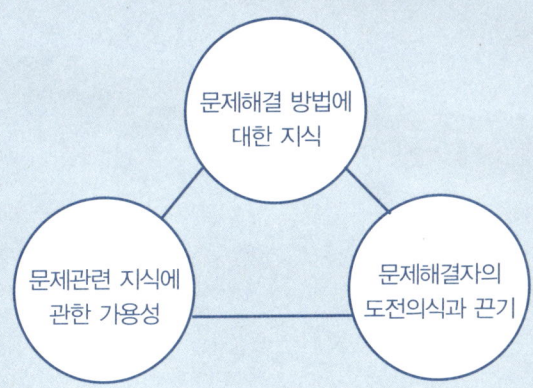

chapter
03

실용기획을 하기 위한
3가지 기획적 사고

기획적 사고란 무엇인가

훌륭한 기획을 하려면 먼저 기획적 사고를 가져야만 합니다. 기획적 사고는 기획하는 동안 보이지 않지만 모든 기획과정에 스며들어 있어야 합니다. 바로 이것이 실용적이고 훌륭한 기획의 필수조건입니다.

많은 사람들이 기획을 하지만 가장 중요한 기획의 근본요건인 기획적 사고 없이 기획을 하다 보니 비전략적이고, 실용적이지 못한 기획이 되고 있는 실정입니다. 한마디로 기획적 사고는 기획하는 데 가장 중요하고 핵심적 근본 사고입니다.

기획적 사고란 팩트(fact)를 기반으로 문제를 파악하고, 지속적인 물음(why)을 통해 근본원인과 해결안을 논리적으로 찾아가는 문제해결의 사고과정입니다.

기획적 사고는 가설지향 사고, 사실지향 사고, 제로베이스 사고라는 사고 과정을 거쳐 완성됩니다.

가설지향 사고

기획에서 가설이 필요한 이유

가설이란 기획을 하기 전에 현재의 문제를 파악하거나 그 문제의 원인을 파악하기 위해서 분석이나 조사하기 위한 정보를 모을 때 모든 부문을 분석하거나 조사하지 않고 '아마 이것이 문제일 것이다', '아마 이것이 이 문제의 원인일 것이다'라고 잠정적으로 설정한 가정(논문을 쓸 때 처음 자신이 연구하고 싶은 내용을 잠정적으로 제목을 정하는 것과 같음)을 말합니다.

"우리 회사의 물류 시스템에 문제가 있어 상품이 늦게 배송되는 것 같아"라고 문제를 잠정적이지만 가정해서 결론을 내리는 것을 가설지향 사고라고 합니다.

다시 말하면 기획을 하기 위해 정확한 문제를 정의하거나, 그 문제의 근본원인을 찾거나, 나아가 해결안을 선택하기 위한 데이터 수집·분석 실시 전에 그 과정이나 결과를 추정·사고하는 태도를 말합니다.

한정된 시간, 한정된 정보밖에 없어도 반드시 그 시점에서의 결론을 갖고 실행에 옮긴다는 것을 말합니다. 즉 어설퍼도 좋으니까 단기간에 어느 정도 결론을 내서 행동에 연결시키는 것이 더욱 중요합니다.

우리는 한정된 시간과 자원을 가지고 여러 가지 업무를 수행합니다. 그래서 가능한 한 빨리 내가 맡은 업무의 문제의 실체나 원인을 찾는 것이 굉장히 중요한 기획의 요소입니다.

가설지향적 사고를 하지 않는 사람은 복잡하게 뒤섞여 있는 문제 덩어리를 일일이 분석 조사하다가 정해진 기간에 기획서를 완성할 수 없습니다. 아니면 휴일에도 혼자 회사에 나와야 되겠지요.

"먼저 결론을 내세요…"라고 말해도 사람들은 망설이게 됩니다. 상황이 잘 이해되지 않으면 '결론을 내릴 수 없다거나 어림짐작밖에 할 수 없다' 는 등으로 생각합니다.

그러나 최초에는 어림짐작도 좋습니다. 우선 무엇이라도 결론을 내는 것이 가설사고의 시작입니다.

▶가설지향 포인트
· 행동에 연결되는 결론을 항상 갖는다.
· 가설설정 후 반드시 자신이 설정한 가설을 검증한다.
· Best를 생각하는 것보다는 Better를 실행한다.

가설지향 사고의 목적

　가설지향 사고의 목적은 정해진 기간이나 시간 안에서 우리가 세운 기획을 수행하는 데 있습니다. 즉 기획의 내용도 중요하지만 정해진 시간에 얼마나 완성하는가가 더 중요합니다. 그래서 어떻게든 효율적이고, 능률적이며, 전략적으로 빠르게 기획을 하도록 하는 것입니다.

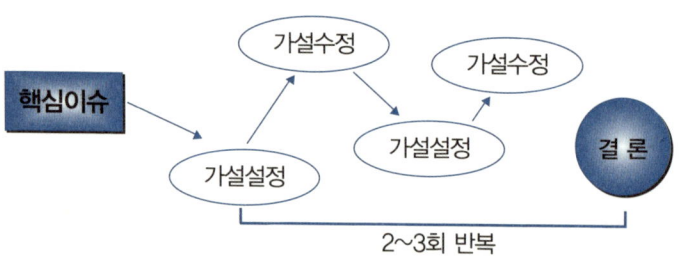

- 결론을 내리기 어려워도 일단 잠정 결론을 내리고 나중에 수정함
- 정보의 양이 부족해도 자신의 직감으로 결론을 내림
- 감이 잘 잡히지 않더라도 넓은 범위에서 점차 폭을 좁혀감

```
        지식·정보
       풍부한 지식·정보원을
       확보하고, 자기에게 주는
   가설      의미를 축적함
감성
자기가 갖추고 있는 감성을
발견하고, 그것을 의식적으로
    연마해감
        실제 체험
       현장·현실을 중시하고,
       미지의 상황에도 적극적으로
          도전함
```

가설지향 사고는 여러분의 기획을 다른 일과 병행하면서 그리고 다른 사람보다 빨리 할 수 있도록 해줍니다.

즉 처음에는 힘들지만 문제에 대해 가설을 설정하고 데이터 분석 등을 통해 수정하는 활동을 거치면서 몇 번 만에 정확하게 문제를 정의하고, 그 문제의 근본원인을 찾아서 가장 적합한 해결안을 빠른 시간에 도출할 수 있는 능력을 습득할 수 있습니다.

> ▶ 가설지향 사고의 목적
>
> · 낭비(경영자원, 시간)의 배제
>
> · 성공 확률의 향상(가설 설정·수정의 과정을 2회 이상 반복시)
>
> · 판단력, 창의력의 강화가 기대됨

쉽게 이야기 하면, 의사가 초진 환자를 문진을 통해서 잠정적으로 병의 원인을 추정 판단한 뒤 몇 가지의 검사를 통해 분명한 병의 원인을 파악하는 것과 같습니다.

만약 우리가 배가 아파서 병원에 갔는데 병의 원인을 모른다고 의사가 모든 검사를 한다면 환자는 얼마나 힘들고 또 시간과 비용이 들겠습니까? 가설을 잘 설정하는 중요한 요소로는 감성(sense), 실제 체험, 지식·정보의 3가지 요소에 의해 좌우됩니다.

가설의 설정 방법

* **자신의 지식이나 경험을 최대한 동원해야 한다.**

지식과 경험에 의한 정보가 적을수록 불필요한 가설을 양산하게 됩니다. 가설의 적중률은 정보의 양에 달린 것이 아니라 정보의 질, 즉 정확성에 달려 있습니다.

* **주저하지 말고 가설을 설정하라.**

가설은 언제나 수정할 수 있습니다. 가설을 세우지 않으면 불필요한 정보를 수집하는 데 시간을 낭비하게 됩니다. 만약 자신의 지식과 경험이 부족하면 전문가의 조언을 구하는 것이 좋습니다.

* **가설은 논리성과 치밀성에 기인한 과학이다.**

단순히 "아마 ~일 것이다"라는 식의 추측은 위험합니다. 즉, 인과관계를 입증할 수 있는 논리가 요구됩니다.

* **가설은 지식이 아니다.**

가설은 반복하여 훈련되는 스킬입니다. 단 한번의 가설로도 사실을 입증할 수 있으나, 시행착오 등의 과정을 통해 가설설정을 위한 스킬 수준은 향상됩니다.

> ▶ 좋은 가설설정 Check Point
> · 가설은 실증조사를 통해 검증할 수 있어야 한다.
> · 가설은 누구나 쉽게 이해할 수 있도록 간단 명료하게 표현해야 한다.
> · 가설은 간결한 논리로 이루어져야 한다.
> · 가설은 숫자의 형태를 취하든가 수치화될 수 있어야 한다.
> · 가설은 Yes 또는 No로 응답할 수 있는 내용으로 작성되어야 한다.

어떤 가설이 좋은 가설인가

기대했던 신제품을 출시했는데도 전혀 매출이 증가되지 않을 때 바람직한 가설과 그렇지 않은 가설의 예를 들어보겠습니다.

〈생각나는 대로의 즉흥적 가설〉
① 영업부서에서 열심히 하지 않았기 때문이다.
② 구매담당 사원의 능력이 떨어지기 때문이다.
③ 중간도매상에 대한 판매 이윤이 부족하기 때문이다.

④ 대대적으로 광고를 해야 한다고 내가 이야기했잖아.
⑤ 이 상품의 좋은 점을 알지 못하는 고객의 수준 때문이다.
⑥ 경기가 좋지 않기 때문이다.

〈훌륭하게 설정한 가설〉
① 고객의 관점에서 보면 어떤가
 · 제품의 만족도는
 · 홍보, 광고, 마케팅 활동은 충분히 이루어지고 있는가
② 경쟁의 관점에서 보면 어떤가
 · 가격 경쟁력은 있는가
 · 경쟁사가 비슷한 전략을 전개하고 있지 않는가
③ 우리 회사 운영 측면에서 보면 어떤가
 · 영업부서 자원 배분은 타당한가
 · 중간상 등의 판매구조에 대한 대책에는 문제가 없는가
 · 제조물류에는 문제가 없는가

가설의 검증도 중요하다

문제를 정의하거나 그 문제의 원인을 찾아서 해결안을 도출하기 위해서 구체적이고 검증 가능한 가설을 설정했으면 반드시 그 가설

이 맞는지 가설검증을 해야 합니다.

　가설의 검증을 위해서는 꼭 필요한 정보나 자료를 어디에서, 누구에게 어떻게 얻을 것인가 하는 계획을 수립한다. 즉 인터뷰, 자료수집, 설문 등과 같은 수집 방법을 통해서 가설을 검증하고, 검증했는데 가설과 맞지 않으면 다시 가설을 재설정하고 또 다시 검증을 시도합니다.

　이렇게 가설의 검증작업을 몇 차례 반복하다 보면 결국에는 정확한 문제의 원인을 찾아낼 수 있습니다.

가설의 검증 계획 수립

　가설검정의 구체적인 계획 수립과 진행 절차는 다음과 같습니다.

　· 의미 : 설정한 가설의 검증을 위하여 자료수집 및 분석에 있어 시행착오를 줄이고 효율을 높일 수 있도록 가설별로 검증에 필요한 자료와 정보를 구체화하는 작업

　· 분석내용 : 가설의 진위 여부를 증명하고 논리적 근거의 타당성을 검증할 수 있는 내용

　· 자료원 : 분석하는 데 필요한 자료를 얻을 수 있는 정보나 데이터의 출처

　· 담당 : 분석내용별 분석 책임을 맡은 사람

| 분석계획서 작성방법 |

핵심이슈	가설	분석내용	자료원	담당	수집방법	일정

· 수집방법 : 최소의 자원 투입으로 가장 양질의 정보나 자료를 얻을 수 있는 방법을 기재

· 일정 : 분석완료에 필요한 소요시간 또는 납기

가설의 실전 사례

고객의 소리를 들어본 결과 고객들이 우리 슈퍼의 상품 가격이 경쟁점에 비해 비싸다고 인식하고 있어서 이를 확인하기 위해 주변 경쟁점을 대상으로 가격조사를 하기로 하였습니다.

다음에 예로 든 A, B 중 과연 어떤 직원이 많은 노력을 들이지 않고 빠른 시간에 문제해결을 위한 분석과 조사를 하겠습니까?

A직원의 가격조사 방식

"경쟁점의 식품가격을 모두 조사한 뒤 분석해봐야지…"

(경쟁점에서 취급하는 100종의 식품 가격조사 시행)

B직원의 가격조사 방식

"우리 슈퍼는 오피스 상권이므로 사무실 구매물품 가격에 민감할 거야..."(사전에 가설을 설정함)

코멘트

B직원이 자신의 상권이 오피스 상권이기 때문에 오피스 상권의 식품 중 인기식품 상품인 커피, 차, 음료, 부재료 상품에 대한 가격조사를 시행(100가지를 다 조사하지 않음)함으로써 정말로 경쟁점보다 비싼지를 확인할 수 있습니다. 이처럼 사전에 가설을 세우면 기획을 위한 정보나 자료조사에 힘들이거나 시간을 낭비하지 않고 빠른 시간에 기획을 할 수 있습니다.

사실지향 사고

기획에서 사실 확인은 중요하다

이번에는 기획적 사고의 두 번째인 사실지향 사고에 대해서 알아보겠습니다.

사실지향 사고란 모든 현상을 평소에 자신이 가지고 있는 경험이나 과거의 논리, 즉 선입견 또는 타인(상사 등)의 의견에 근거하여 판단하지 않고 사실(fact)을 근거로 문제를 바라보는 것을 말합니다.

다시 말하면 항상 기획자가 어떤 정보나 자료를 본인이 사실인지 아닌지를 확인하는 것을 말하고, 가능한 숫자로서 사실을 표현하는 것을 이야기하는 것입니다.

예를 들어 팀장이나 사장님이 이야기하더라도 기획자는 반드시 그 이야기가 사실인지 아닌지를 확인해서 숫자로 나타내야 합니다.

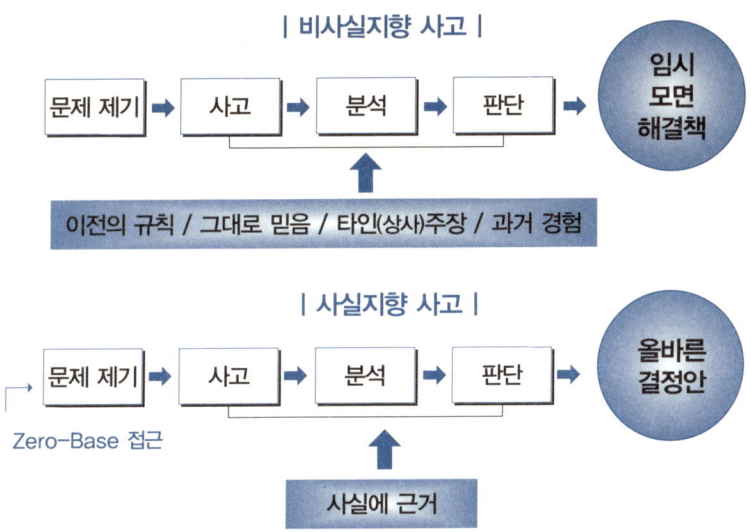

Fact란

1. 사실이다.
2. 모든 자료는 측정되어 숫자로 표현할 수 있어야 한다.
3. 수집해야 할 사실은 인터뷰, 기록물, 관찰이 있다.
4. 원하는 자료에서 숫자를 구할 수 없으면 이미지를 떠올 수 있을 정도로 구체적으로 작성해야 한다.

사실지향 사고는 경험이나 과거의 논리보다는 사실에 근거한 사고, 분석, 판단은 기획의 효과성을 높여줍니다.

다시 말해 사실지향 사고는 문제의 실체를 밝히기 위해서 가설설정(정보,자료 수집/분석 방향) 후 수집해야 할 사실을 인터뷰, 기록물, 관찰 등을 통해서 확인하며, 수집된 사실들을 유형별로 분류하고, 인과관계를 정리하고, 마지막에 요약하여 수집한 사실의 의미를 도출하는 것을 말합니다.

사실지향 사고에서 숫자의 중요성

아래에서 fact(사실)라고 생각하는 것을 한번 골라보세요. 아마도 확실한 fact라고 할 만한 것이 눈에 띄지 않을 것입니다. 왜일까요? 그것은 구체적인 숫자를 쓰지 않고 막연한 주관적 추측만을 나열했기 때문입니다.

> 1. 경쟁점의 foodpark 공간은 우리보다 넓다
> 2. 고객조사 결과 식품류의 상품이 다양하지 못하다.
> 3. ○○아파트보다 AA아파트의 구매력이 낮다.
> 4. 빵의 진열 공간이 부족하다.
> 5. 피크 타임시 상품 부족으로 인해 판매기회를 잃어버리는 경우가 많다.
> 6. 계산 인원이 부족해서 계산 대기 시간이 오래 걸린다.

왜 사실지향 사고에서 사실을 숫자로 나타내야만 할까요?
그 이유는 숫자로 표현해야 기획시 문제가 어느 수준인지 정확하게 파악, 다른 사람에게 전달할 수 있고, 그 다음 단계에 무엇을 해야

식품의 폐기 Loss가 많다.	식품의 폐기 Loss가 10%다.
패스트 푸드 매출이 목표보다 낮다.	패스트 푸드의 매출이 목표 대비 96%다.
내부 모니터링 점수가 낮다.	내부 모니터링 점수가 88점이다.
피크 타임시 결품률이 높다.	피크 타임시 결품률이 11%다.
경쟁점 대비 가격이 비싸다.	경쟁점 대비 가격이 10% 높다.

| 무엇이 문제인지를 알 수 없음 | 무엇이 문제인지를 명확하게 알 수 있음 |

할지 명확하게 의사결정을 할 수 있기 때문입니다.

TIP

목표 달성에는 꽤 시간이 걸린다. 그것은 어떠한 목표라도 '성공곡선'을 그리며 이뤄지기 때문이다. 처음에는 그것을 이해는 해도 노력하는 것은 좀처럼 쉽게 할 수 없다. 그러므로 성공한 사람도 미래 자신의 모습을 영상화하거나 자기 암시를 하여 자신을 격려하면서 목표를 향해 나아간다.

《나만의 성공곡선을 그리자》 중에서

제로베이스 사고

백지 상태에서 시작하라

이번에는 기획적 사고의 마지막인 제로베이스 사고에 대해서 알아보겠습니다. 제로베이스 사고란 기존의 틀에서 벗어나 백지 상태에서 생각하는 사고법으로 자신의 좁은 테두리를 넘어 생각하고 해결하고자 하는 도전적이고 적극적인 사고 방식을 말합니다.

즉 일반적으로 지금까지 자신의 경험이나 습관을 바탕으로 사물을 생각하는 것과는 달리 '기존의 틀'을 벗어버리고 새로운 방식으로 사고하는 것을 말합니다.

우리는 창조적인 기획을 하기 위해 먼저 각자 지금까지의 정형화된 생각의 틀, 즉 사고의 패러다임을 불식시켜야 합니다. 이것은 기존의 틀에서 벗어난 백지 상태에서 생각하고 사고하는 방법을 말합니다.

그리고 제로베이스 사고의 방해가 되는 것은 '기존관념' 입니다. 그

중에서도 가장 방해가 되는 것은 자기자신입니다. 스스로 좁은 사고의 틀을 설정해 부정적으로 치우쳐서는 안 됩니다.

> **제로베이스 사고 방법**
> · 기존의 틀에서 벗어나 백지 상태에서 생각하는 사고법
> · 자신의 좁은 테두리를 넘어 생각하고 해결하고자 하는 도전적이고 적극적인 사고방식

경험치형 사고
지금까지 자신의 경험이나 습관 속에서만 사물을 생각한다.

제로베이스 사고
'기존의 틀'에서 벗어나 새로운 방식으로 사고한다.

제로베이스 사고의 절차

어떠한 문제를 해결하거나 가능성을 추구함에 있어 자기가 가진 기존 관념 내에서 사고를 하게 되면, 좁은 틀 안에 갇혀서 부정적인 요소가 크게 보이기 때문에 결국 전체도 부정적으로 보게 되는 현상이 일어납니다.

그러나 제로베이스로 사고를 하게 되면 부정적인 요소들을 보지 않게 되고, 사고의 폭이 넓어져 그밖에 있던 문제해결 요소들이 보이게 됩니다.(〈맥킨지식 사고와 기술〉 참조)

| 제로베이스 사고의 원점 |

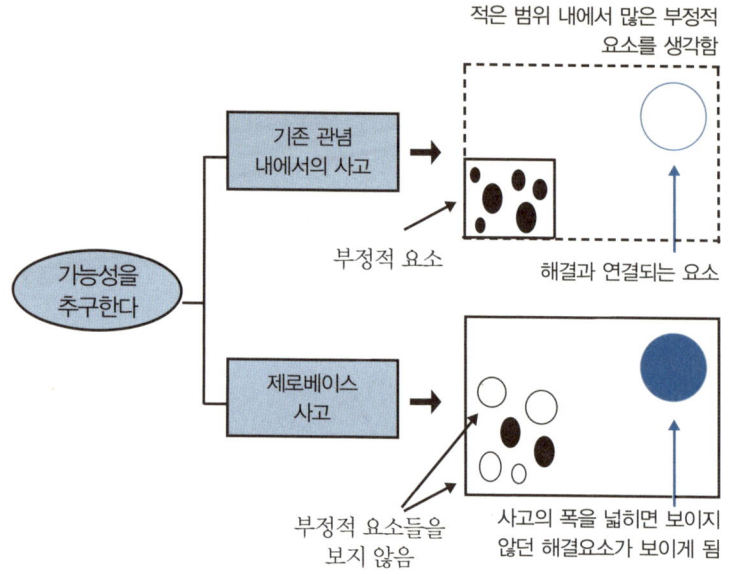

제로베이스 사고의 활용

만약 새로운 시장인 어느 도심지역에 테이크아웃 아이스크림 전문점을 개설하려고 한다고 합시다. 보통은 일반적인 테이크아웃 형태로 그 지역에 입점하게 될 것입니다. 그러나 그 시장의 원점, 즉 표적고객의 관점에서 보면 그들은 도심의 한 공간에서 편안한 휴식을 취하면서 아이스크림을 먹기를 원할지도 모릅니다.

그럴 경우 이상적인 점포로서 테이크아웃과 카페 형태의 복합매장을 우선적으로 검토해야 합니다. 그런 다음 주변 여건이나 한계를 검토해가면서 최적안을 도출해야 합니다. 물론 당장 실현할 수 없다 해도 향후 가야 할 방향과 어떤 노력을 기울여야 할지 알 수 있습니다.

그러나 만약 기존의 여건을 우선 생각하여 대안을 마련한다면 근시안적인 결정을 하기 쉬우며, 결국 고객이 가장 원하는 서비스 욕구를 충족시킬 수 없게 됩니다.

제로베이스 접근의 근본 취지는 고객의 새로운 욕구 변화에 대해 끊임없이 탐색하고, 늘 새로운 시각과 아이디어를 개발하기 위해 노력해야 한다는 점입니다.

항상 창의적이고 혁신적이어야만 고객을 만족시키고 경쟁에서 살아남을 수 있습니다.

제로베이스 사고 실전 사례

제로베이스 사고로 성공한 기업의 예를 알아봅시다.

배달 피자가 나오기 전에는 피자가 맛이 있어 먹고 싶어도 만드는 절차가 까다롭고 뒤처리가 복잡하여 쉽게 먹지 못했습니다.

또 음식점에 가서 먹으려면 값이 비쌀뿐더러 그곳까지 가기가 귀찮을 경우가 있었습니다. 여기에서 제로베이스 사고를 해봅시다.

우선 '만들어 먹는다, 피자점에 가서 먹는다, 뒤처리가 까다롭다' 는 등

| 제로베이스 사고의 성공사례(도미노 피자) |

피자에 대한 기본개념	제로베이스 사고 →	배달 피자의 탄생
· 맛있다. · 먹고 싶다. · 준비와 뒤처리가 복잡하다. · 집에서 만들기는 어렵다. · 음식점은 비싸고 가기가 귀찮다.	· 집에서 만들지 않아도 된다 (배달) · 일회용 용기 사용으로 뒤처리를 간편하게 한다. · 점포임대 및 실내 장식비가 저렴해 피자가격을 낮출 수 있다.	· 언제 어디서든지 주문만 하면 된다. · 뒤처리가 간편하다. · 가격이 저렴하다.

의 고정관념을 버리고 나서 문제를 바라보면 배달이라는 해결 방법이 나오게 됩니다.

즉 제로베이스 사고에 의거하여 신선하고 맛있는 피자를 누구나 집에서 쉽게 배달시켜 먹을 수 있게 함으로써 대성공을 거둔 배달 피자의 원조가 바로 미국에서 탄생한 도미노 피자입니다. (〈맥킨지식 사고와 기술〉 중에서)

3가지 기획적 사고 비교

기획력을 갖춘 사람의 특징

	가설지향 사고	사실지향 사고	제로베이스 사고
개념	· 문제파악 및 원인을 찾기 위해 자료 수집 분석에 앞서 결과나 결론을 추정 또는 사고하는 것	· 경험이나 과거의 논리 즉 선입견이 아닌 항상 사실에 근거한 사고, 분석, 판단을 하는 사고	· 기존의 틀에서 벗어나 백지 상태에서 생각하는 사고법 · 자신의 좁은 테두리를 넘어 생각하고 해결하고자 하는 도전적이고 적극적인 사고방식
주요내용	· 행동에 연결되는 결론을 항상 갖는다. · 가설설정 후 반드시 자신이 설정한 가설을 검증한다. · Best를 생각하는 것보다는 Better를 실행한다. · Speed 중시	· 사실에 근거한다. · 모든 자료는 측정되어 숫자로 표현할 수 있어야 한다. · 수집해야 할 사실은 인터뷰, 기록물, 관찰이 있다. · 원하는 자료에서 숫자를 구할 수 없으면 이미지를 떠올 수 있는 정도로 구체적으로 작성해야 한다.	· 기존 관념 내에서 사고를 하게 되면, 좁은 틀 안에 갇혀서 부정적인 요소가 크게 보이기 때문에 결국 전체도 부정적으로 보게 되는 현상이 일어난다. · 부정적인 요소들을 보지 않게 되고 사고의 폭이 넓어져 그밖에 있던 문제해결 요소들이 보이게 된다.
비고	· 낭비의 배제 (자원/시간 등) · 성공확률 향상 · 판단력, 창의력 강화	상식이나 선입견에서 자유로울 수 있음	사고의 폭을 넓히면 보이지 않던 해결요소가 보이게 됨

chapter
04

비즈니스맨을 위한
5단계 실전기획

5단계를 거쳐 완성하는 실전기획

지금까지 기획적 사고에 대해서 알아보았습니다. 이제는 창조적인 기획을 하기 위한 전략적이고 효과적인 기획의 5단계에 대해서 알아보기로 합시다.

실용적인 기획을 하기 위해서는 반드시 이 기획의 5단계를 차근차근 밟아가야 됩니다. 아무리 시간이 없고 바쁘다고 해도 절대로 건너뛴다거나 생략을 하면 안 됩니다.

| 기획의 5 단계 |

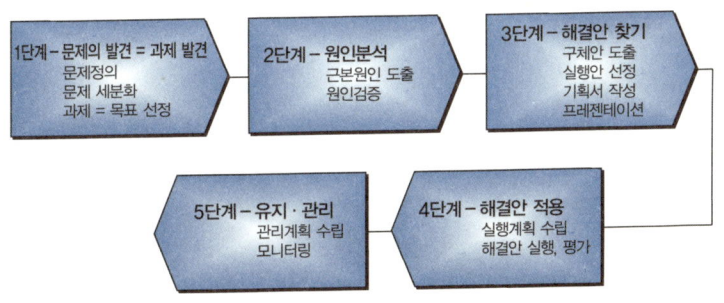

chapter4 비즈니스맨을 위한 5단계 실전기획

이 5단계를 수행하는 동안 우리의 기획은 창의적이고, 논리적이며 현실성 있게 변모하여, 누구나 공감하고 동의하는 기획물이 되는 것입니다.

기획을 시행착오 없이 논리적으로 진행시켜 나가기 위한 5단계 과정을 자세히 살펴보기로 하겠습니다.

> **TIP**
> 우리는 정기적으로 생각을 해야만 한다. 그러나 좋은 생각은 진공 속에서 일어나지 않는다. 그것은 살아서 움직이는 현실 세계와의 접촉을 요구한다. 따라서 그 과정은 '생각하고→행동하고→생각하고→행동하는' 순서를 밟아야 한다. 그래야만 우리는 발전할 수 있다.
>
> 《시간관리? 인생관리》 중에서

1단계 – 문제의 발견

문제를 발견하는 방법

문제의 발견은 문제의 인지단계로서 기획과정이 시작되는 첫 단계이며, 기획의 질을 결정하는 중요한 단계입니다.

기획을 통해 해결·개선해야 하는 불합리한 현재의 상황을 인식하는 단계이며, 또는 기획을 통해 달성할 수 있는, 아직 실현되지 않은 가치나 욕구 또는 개선기회를 포착하는 단계라고 말할 수 있습니다.

애코프(Russell L. Ackoff)가 "기획에 실패하는 것은 정확한 문제에 대해 잘못된 해답을 내기 때문이 아니라 오히려 잘못된 문제를 풀려고 하기 때문"이라고 말한 것처럼 문제의 발견, 즉 문제의 인지단계는 좋은 기획을 위한 전체 기획과정에 큰 영향을 미치므로 기획의 성공여부는 바로 문제를 정확히 파악했느냐 못했느냐에 달려 있습니다.

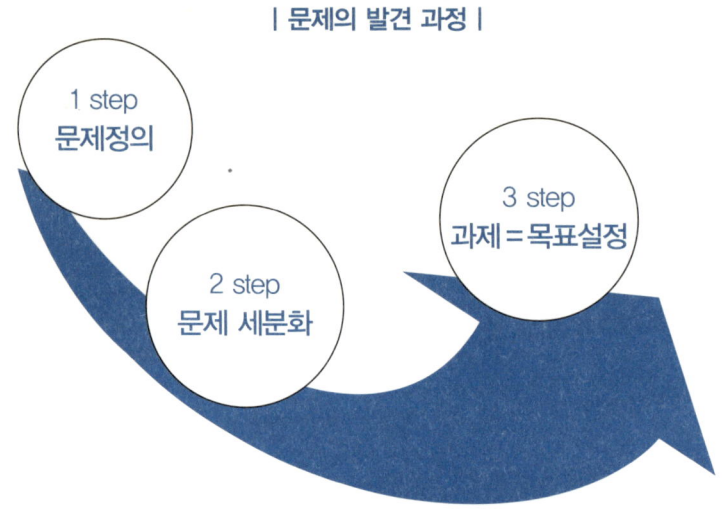

| 문제의 발견 과정 |

문제발견 단계에서는 우리가 지향하는 목표와 현재 수준과의 갭을 명확히 하고, 문제를 작게 나누어 해결해야 할 내용과 영역이 무엇인지 명확히 해야 합니다.

그럼 문제란 무엇입니까?

한마디로 말해서 목표 수준과 현상 수준과의 차이를 문제라고 합니다. 즉 "어떻게 되어야 하는가"와 "어떻게 되고 있는가"와의 차이를 우리는 문제라고 합니다.

그리고 조직에서 현재 일어나고 있는 문제를 시급히 해결하거나, 현재 별로 문제가 되지 않지만 좀더 좋게 개선을 하거나, 또는 지금은 문제가 되지 않지만 이대로 두면 미래에 문제의 소지가 될 수 있는 것을 해결·개선·예방하는 것을 기획, 즉 문제해결이라고 합니다.

| 문제의 발생 과정 |

목표
어떻게 되면 좋은가(Should be)
· 있어야 할 모습
· 바람직한 상태
· 기대되는 결과

현상
어떻게 되고 있는가(As is)
· 실제의 모습
· 예상되는 상태
· 예기치 못한 결과

GAP

문제
모르는 것
당혹해 하고 있는 것
변하고 있는 것
달성해야만 하는 것
논의해야만 하는 것
결론을 내야만 하는 것
의견이 분분한 것.

- 문제란 해결을 요하는 것으로 목표와 현상의 GAP이다.

문제의 종류

문제의 종류는 크게 발생형, 탐색형, 설정형 등 3가지로 나눌 수 있습니다. 각 문제의 지향적 특성을 살펴보면 다음과 같습니다.

· 발생형 문제 : 이미 일어나버린 문제 (영업 매출이 떨어지고 있다.)
· 탐색형 문제 : 더 잘 해보고 싶은 문제 (고객만족도가 4.2인데 4.5로 올리고 싶다.)

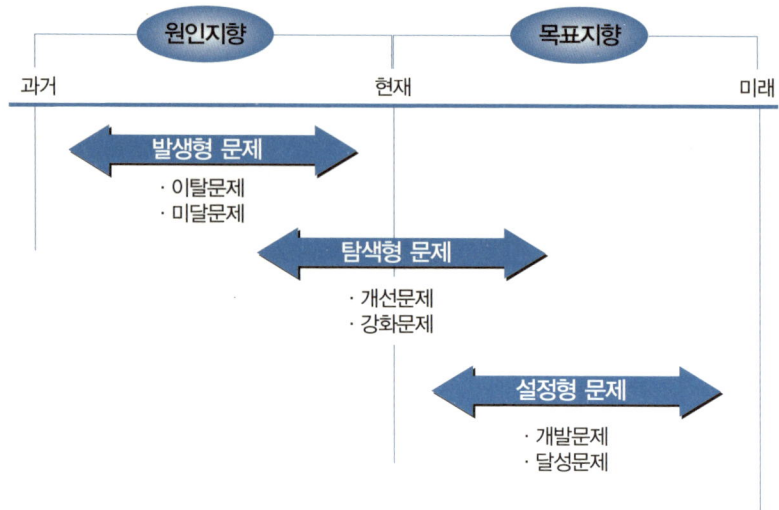

· 설정형 문제 : 앞으로 어떻게 할 것인가의 문제 (시장개방에 맞추어 광고전략의 경쟁력과 차별화를 강화해야 한다.)

다음은 일반적인 조직(회사)에서 업무와 연계된 문제들을 각각 3가지 문제형으로 분류해본 것입니다.

① 왜 매출이 떨어지고 있는가?
② 왜 이 달에 결근율이 높아지는가? ┤ 발생형 문제
③ 고객만족도가 갑자기 떨어진 원인은 무엇인가?
④ 좀더 빠른 방법은 없는가?
⑤ 좀더 안전한 방법은 없는가? ┤ 탐색형 문제
⑥ 좀더 즐겁게 일할 수는 없는가?
⑦ 좀더 매출을 올릴 방법은 없는가?

⑧ 광고효과를 높이기 위해 어떤 스타를 섭외해야 할까? ┐
⑨ 사원교육을 어떻게 해야 효과가 날까?　　　　　　　┘　설정형 문제

　이와 관련된 비효과적이고 비효율적인 요소를 도출하고 이를 제거할 수 있는 방법을 모색하는 것이 기존 업무의 개선 및 새로운 업무 기획을 위한 문제해결 과정이라고 할 수 있습니다.

> **기획의 7가지 장애요소**
>
> 1. 너무 일반적이거나, 너무 크거나 또는 잘 정의되지 않은 문제를 다루는 경우
> 2. 문제를 정확히 분석하지 않고 곧바로 해결책을 찾는 경우
> 3. 잠재적 해결책을 파악할 때 중요한 의사결정 인물이나 문제에 영향을 받게 되는 구성원을 참여시키지 않는 경우
> 4. 개인이나 팀이 통제할 수 있거나 영향력을 행사할 수 있는 범위를 넘어서는 문제를 다루는 경우
> 5. 창의적 해결책보다는 즐겨 사용하는 해결책을 적용하는 경우
> 6. 해결책을 선택하는 타당한 이유를 마련하지 못하는 경우
> 7. 선택한 해결책을 실행하고 평가하는 방식에 관해 적절하게 계획을 수립하지 못하는 경우

문제발견의 1단계 : 정의

문제를 발견하기 위해서는 정확히 그 문제가 무엇인가를 정의해야 하는데, 문제정의란 문제를 여러 가지 fact(사실 = 숫자)로 명확히 인식 또는 나타내는 것을 말합니다.

예를 들자면 아래와 같습니다.

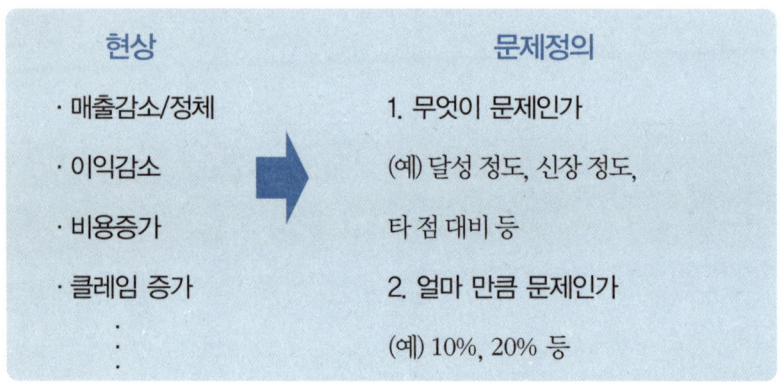

이처럼 '현상이 아니라 어떤 내용이 얼마만큼 어떻다' 라고 할 수 있어야 문제를 정확히 정의했다고 말할 수 있습니다. 그래서 문제를 정확히 파악하려면 항상 여러 가지 fact(사실)를 찾으려는 노력이 필요합니다.

문제발견의 2단계 : 세분화

이번에는 정의한 문제, 즉 주어진(선정된) 문제를 분석하여 해결해야 할 것이 무엇인지(어디에 무엇이 문제가 있는지)를 명확화하는 단계입니다. 아시다시피 조직에서 발생하는 문제는 간단한 것이 아니라 복잡하고 다양한 것들이 얽히고설켜 있는 엄청나게 큰 덩어리와 같습니다.

이 큰 덩어리를 조각조각 세분화하여 어떤 문제가 가장 핵심 문제인가를 가려내야 합니다. 즉 문제에 영향을 가장 많이 미치고 있는 문제의 핵심 덩어리를 찾아내는 것을 문제의 세분화라고 합니다.

이처럼 문제를 작고, 다룰 수 있는 요소들로 세분화하면 분석, 조사할 해결의 열쇠를 쉽게 찾을 수 있습니다.

문제발견의 3단계 : 목표 = 과제설정

문제발견의 마지막은 과제설정 즉, 목표설정입니다. 목표는 기획 과정의 모든 단계에서 중요한 역할을 수행합니다. 즉 이 설정된 목표를 달성할 수 있는 구체적인 대안들을 모색하게 되며, 각 대안들의 예측되는 결과가 추구하는 목표에 얼마나 부합되는지를 비교 · 평가하여 최선의 대안을 선택하게 됩니다.

기획은 이 설정된 목표와 현재 상태와의 차이를 줄이기 위해서 하는 것입니다. 그래서 목표가 없이 기획을 진행하면, 나아가야 할 방향이 모호하고 어려움이 있을 경우 이를 돌파하기보다는 현실에 안주하게 됩니다. 그러므로 효과적이고, 실용적이며, 혁신적인 기획을 위해서는 도전적인 목표설정이 필수적입니다.

문제를 세분화하여 그 중 다른 문제들에 영향력을 크게 미치거나 우선순위가 높다고 생각이 되는 바로 그 문제들을 평가하여 즉, 기획을 통해서 해결할 핵심이슈를 선정해야 합니다. 이 핵심이슈 선정은 고객에게 묻거나 기존의 확보된 자료나 데이터 등을 통해서 선정해야 합니다.

| 핵심이슈 선정방법(예시) |

| 문제구조 파악 | 영향력 평가 | 핵심이슈 선정 |

→ 핵심이슈 : 문제들 중 가장 다른 문제에 영향을 미치고 있는 핵심문제

선정된 문제(핵심이슈) 중 우리 기획의 과제로 설정하기 위해서는 핵심이슈의 후보안을 평가지표에 따라 평가하여 우선순위가 가장 높은 후보안을 해결해야 할 목표 즉, 과제로 선정합니다.

아래의 평가표를 참조하여 기획의 목표를 선정하면 됩니다. 평가기준은 그 과제의 성격에 따라 다릅니다. 그래서 평가기준은 다른 사람들과 논의해서 정하면 됩니다.

| 목표 = 과제 후보안 우선순위 평가(예시) |

5점 만점/H, M, L 등으로 평가

과 제	우선순위 평가					종합 점수	순위
	긴급성	Impact	용이성	Risk	기 타		
A							
B							
C							
D							

긴급성 : 문제해결의 시급한 정도

Impact : 문제해결시 종합적인 Impact (Lead time단축 / 품질향상 / 원가절감 / 매출증대 등)의 크기

용이성 : 인적, 물적 자원의 투입 가능성 정도 또는 과제해결의 용이성 정도

Risk : 과제실행시의 조직에 주는 리스크의 크기

H : High, M : Middle, L : Low

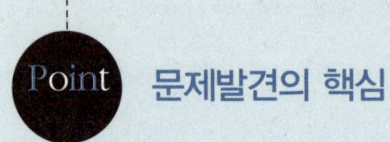# 문제발견의 핵심

[문제]

한마디로 말해서 목표 수준과 현상 수준과의 차이를 문제라고 한다. 즉 "어떻게 되어야 하는가"와 "어떻게 되고 있는가"와의 그 차이를 우리는 문제라고 한다.

[문제정의]

문제를 발견하기 위해서는 정확히 그 문제가 무엇인가를 정의해야 하는데 문제정의란 문제를 여러 가지 fact(사실 = 숫자)로서 명확히 인식 또는 나타내는 것을 말한다.

즉 현상이 아니라 어떤 내용이 '얼마만큼 어떻다'라고 말할 수 있어야 문제를 정확히 정의했다고 말할 수 있다. 그래서 문제를 정확히 정의하려면 항상 여러 가지 fact(사실)를 찾으려는 노력이 필요하다.

[문제 세분화]

정의한 문제, 즉 주어진(선정된) 문제를 분석하여 해결해야 할 것이 무엇인지(어디에 무슨 문제가 있는지)를 명확화하는 단계를 말한다.

[과제 = 목표설정]

문제발견의 마지막은 과제설정 즉, 목표설정이다. 목표는 기획

과정의 모든 단계에서 중요한 역할을 수행한다.

이 설정된 목표를 달성할 수 있는 구체적인 대안들을 모색하게 되며, 각 대안들의 예측되는 결과가 추구하는 목표에 얼마나 부합되는지를 비교·평가하여 최선의 대안을 선택하게 된다. 즉 기획은 이 설정된 목표와 현재의 상태와의 차이를 줄이기 위해서 하는 것이다.

2단계 - 원인분석

문제해결의 열쇠 근본원인을 찾아라

지금까지 기획의 5단계 중 첫 번째인 문제발견에 대해서 설명했습니다

이제는 문제발견에서 설정한 목표, 즉 과제를 달성하기 위해서 왜 이런 일이 발생하고 있는지를 파악하기 위해서, 또는 이 문제(과제)를 해결하기 위해서 문제의 원인을 찾아내는 원인분석의 두 번째 단계를 설명 드리겠습니다.

"원인 없는 결과는 없다"는 격언이 있듯이 모든 문제에는 반드시 그 문제를 발생시키는 원인이 있습니다. 결국 이 원인이 무엇인가를 알면 그 해답도 쉽게 찾을 수 있습니다. 앞에서 문제는 복잡한 덩어리라고 말한 것처럼 이 복잡한 문제의 원인도 또한 복잡합니다.

그래서 원인 중에 가장 핵심원인, 즉 문제를 일으키는 원인 중에

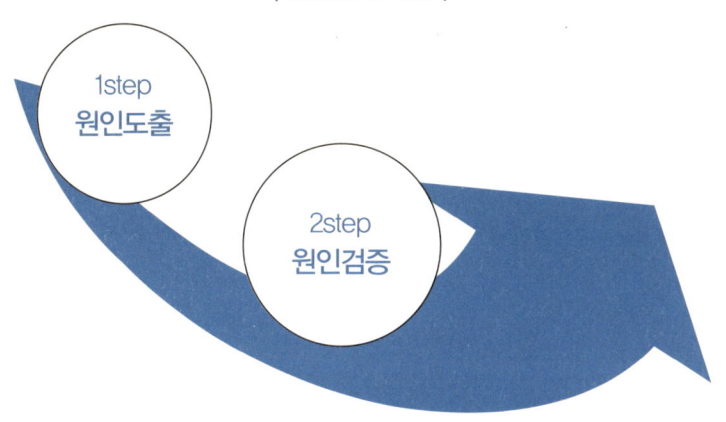

| 원인분석 과정 |

원인분석은 문제에 대한 원인을 모두 파악하고 이에 대한 검증을 통해 해결해야 할 영역 즉 근본원인을 도출하는 과정입니다.

가장 영향을 많이 미치는, 또한 이 원인을 해결하면 문제를 해결할 수 있을 것 같은 근본원인을 찾아내기 위한 활동이 원인분석 활동입니다.

MECE 사고와 Logic Tree를 이용한 원인 찾기

복잡한 문제의 원인을 찾아내려면 어떤 방법을 사용할까요?
그래서 지금 그 원인을 찾아내는 과학적이고, 논리적이며, 효과적인 사고의 틀로서 MECE를 소개하려고 합니다.

'사고의 틀(framework)'이란 사물, 사실 등에 대해 전체적인 윤곽이나 개념을 파악할 수 있도록 하거나 또한 산만하게 흐트러져 있는 것들을 종합하여 전체적인 윤곽(모습)을 파악할 수 있도록 해주는 이미지(개념)화 하는 것을 말합니다.

또한 개념들의 아래 위의 순서(위계)와 연관성 그리고 상호작용 등을 고려하여 논리나 이치에 맞게 이를 그림으로 표현하여 보기 쉽고 알기 쉽게(구조화/도식화)하는 것을 말합니다.

바로 MECE가 사고의 틀로서 보기 쉽고 알기 쉽게(개념화/도식화)하는 과정에서 개념의 중복이나 누락이 없이 전체 윤곽을 파악하는 사고방식을 의미합니다.

쉽게 말하면 '각각이 중복되거나 누락되지 않고 그 합이 전체가 되는 것'을 말합니다. 이 MECE는 원인을 찾거나 해결안을 찾기 위해 사용하는 툴인 Logic Tree의 기본 사고입니다.

MECE의 의미와 활용 방법

사고의 틀로서 MECE는 이미지(개념)화, 그림(도식)화의 과정에서 개념의 중복이나 누락 없이 전체 윤곽을 파악하는 사고방식입니다.

▶ Mutually(상호간에), Exclusive(배타적인)

▶ Collectively(총괄하여), Exhaustive(합이 전체인)

MECE인 경우	MECE가 아닌 경우
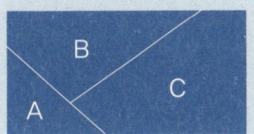 ABC 각각이 전체를 이루고 있으나, 각각의 인자는 서로 배타적인 요소임 (예) '지구'를 이루고 있는 구성 요소 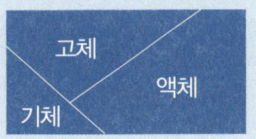	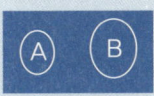 AB는 ME이기는 하나 CE는 아님. (예) 전체 : 생물 A : 포유류ㅣB : 어류  ABC는 CE이기는 하나 ME는 아님. (예) 전체 : 여성 A : 미혼ㅣB : 기혼ㅣC : 직장인  AB는 ME도 CE도 아님. (예) 전체 : 한 학급 A : 수학을 잘하는 학생ㅣB : 국어를 잘하는 학생

MECE사고 적용사례

① 인간은 남자와 여자로 나눌 수 있다.

② 시간은 과거, 현재, 미래로 나눌 수 있다.

③ 기업에서 직책은 사원, 대리, 과장, 차장, 부장, 임원으로 나눈다.

④ 마케팅의 4P는 Product, Price, Place, Promotion으로 분류할 수 있다.

⑤ 비용은 변동비와 고정비로 나누어진다.

⑥ 3C 분석은 자사, 경쟁사, 고객으로 나누어 분석한다.

그러면 왜 MECE 사고를 원인분석에 활용할까요?

그 이유는 원인을 찾을 때 MECE를 사용하면 우선 '누락으로 인한 비효과성의 예방과 방지'를 할 수 있고, '중복으로 인한 비효율을 방지'할 수 있으며, '어떤 원인이 근본원인인지 접근의 우선순위 파악이 가능'하도록 해주기 때문입니다.

MECE를 사용하면 원인분석시 누락과 중복 없이 전체를 한눈으로 볼 수 있도록 하여 누구나 손쉽게 원인을 빨리 찾을 수 있습니다.

> **MECE(미시)의 활용 목적**
> - 누락으로 인한 비효과성의 예방·방지
>   과도한 자원·시간의 낭비
> - 중복으로 인한 비효율 방지
>   중복요소로 인한 2중의 접근과 시간·자원의 낭비
> - 접근의 우선순위 파악이 가능
>   중요한 것, 핵심적인 것에 노력을 집중할 수 있음

Logic Tree를 이용한 원인분석

이번에는 원인분석을 하는 데 사용하는 강력하고 효과적인 Logic Tree에 대해서 알아보겠습니다.

이 Logic Tree는 원인분석과 해결안을 찾을 때도 사용하는 중요한 문제해결 툴입니다. 즉 Logic Tree는 어떤 주제나 문제를 가장 중요

한 것에서 시작하여 차츰 비중이 낮은 것으로 옮겨가면서 모든 구성요소들을 나무 모양으로 체계적으로 분해 정리한 것입니다.

즉 조금 전에 배운 MECE의 사고에 기초하여 모든 구성요소들을 계층적으로 분해 정리하는 것을 말합니다.

그래서 이 Logic Tree를 사용하면 빠짐이나 중복을 방지할 수 있고, 63빌딩에서 내려보는 것처럼 전체를 다 볼 수 있으므로, 구체적이고 빠르게 원인을 찾아낼 수 있으며, 각 내용 간의 원인과 결과 즉, 인과관계를 분명히 알 수 있습니다.

다시 말하면 어떤 사실이나 내용의 전체상을 파악할 수 있는 범용적이면서 실용적인 도구입니다.

로직 트리 분석시 중요한 포인트는 하나의 문제가 나올 때마다 'Why'를 끊임없이 떠올려야 합니다. 어떻게 해서 이러한 문제가 나왔는지 끊임없이 의문을 품어야 한다는 것입니다. 이러한 분석과정을 통해서 원인분석이 올바로 이루어진다면 추후 문제해결 과정도 용이하게 진행될 것입니다.

Logic Tree

로직 트리는 분석을 보다 논리적이고 효과적으로 진행하기 위해 MECE의 사고방식에 따라 주요항목을 트리 형태로 분해하는 것을 말한다.

| 핵심이슈 선정방법(예시) |

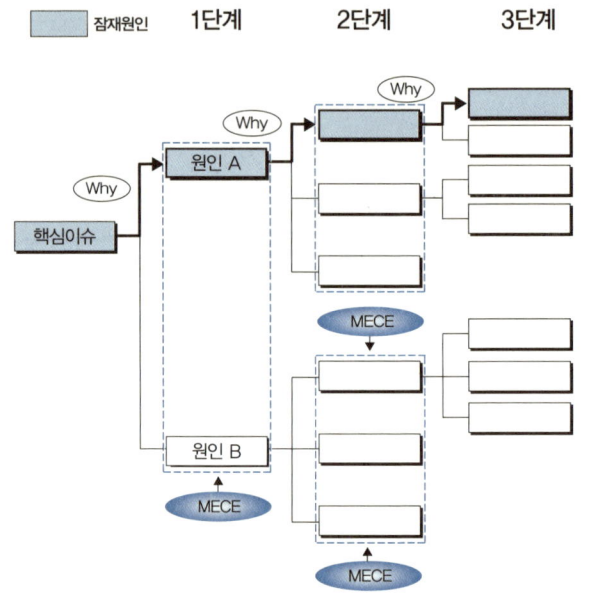

- 단계간에는 반복적인 'WHY'라는 인과관계를 통해 원인을 도출함.

원인분석시 Logic Tree 활용 이유

원인분석의 도구로 Logic Tree를 활용하는 이유는 다음과 같습니다.

첫째, 문제의 전체상을 파악하게 해준다는 점입니다.

로직에 의해 전체에서 요소로 세분화해나감으로써 문제를 일으키는 모든 요소를 분해할 수 있기 때문입니다.

둘째, 근본원인을 도출할 수 있다는 점입니다.

'why'라는 질문을 계속함으로써 근본원인에 도달할 수 있고, 그렇게 도출된 근본원인의 사실 여부를 확인 가능하기 때문입니다.

셋째, 영향력 비교를 통해 개선 가능성이 큰 근본원인을 선택할 수 있고, 또한 어떤 요인이 개선 가능성이 높은 근본원인인가를 선별할 수 있기 때문입니다.

Logic Tree를 작성하는 법

그러면 이런 Logic Tree 작성을 잘 하려면 어떻게 하면 될까요?

무엇보다 얼마나 많이 그려보는가에 달려 있습니다. 이 Logic Tree를 사용하는 세계적인 컨설팅회사의 직원들도 매일 한 장씩 그려보면서 연습합니다.

이러한 연습은 처음에는 힘들고 어렵지만 나중에는 손으로 그리지 않고도 머리 속에서 자동적으로 그려지면서 다른 사람과의 대화나 회의 그리고 토론에서 논리적이며, 전체를 아우르는 주장을 펼침으로써 자신의 역량을 보여줄 수 있습니다.

힘들지만 한번 숙달이 되면 여러분의 전략적 사고와 기획의 수준이 달라집니다. 그리고 모든 보고나 발표에서 여러분들의 기획(안)들이 통과되고 능력을 인정 받게 됩니다. 그래서 힘들지만 도전해볼 만한 것입니다.

> ⟨Logic Tree를 작성하는 순서⟩
>
> 1. Logic Tree 작성의 목적을 분명히 하고 목적에 맞는 세분화 기준을 설정
> 2. 인과관계와 MECE의 원칙하에 세분화 실시한다.
> 3. 각각을 2~3개의 요소만으로 세분화한다.
> 4. 각각을 MECE하게 세분화하기 어려우면 우선 공란으로 두고 나중에 생각한다.
> 5. 더 이상 세분화가 필요하지 않는 단계까지 끝까지 분해한다. 최소한 4단계 이상이다.
> 6. 처음에 공란으로 비워둔 곳을 생각하여 다 채워 넣는다.
> 7. 상하간의 인과관계와 동일 레벨 간의 MECE를 체크한다.

Logic Tree는 세분화 기준축 설정이 중요하다

Logic Tree를 사용할 때 중요한 포인트는 Logic Tree를 작성하는 첫 단계 즉, 나뭇가지를 세분하기 위한 '시작의 세분화 기준(구분축)'을 잘 설정하는 것입니다.

원인을 찾기 위해서 Logic Tree를 그릴 때 첫 단계 즉, 가지가 뻗어나가는 세분화 기준축을 여러 가지 요인으로 세분화하여 시작할 수 있습니다.

| Logic Tree 세분화 기준축 |

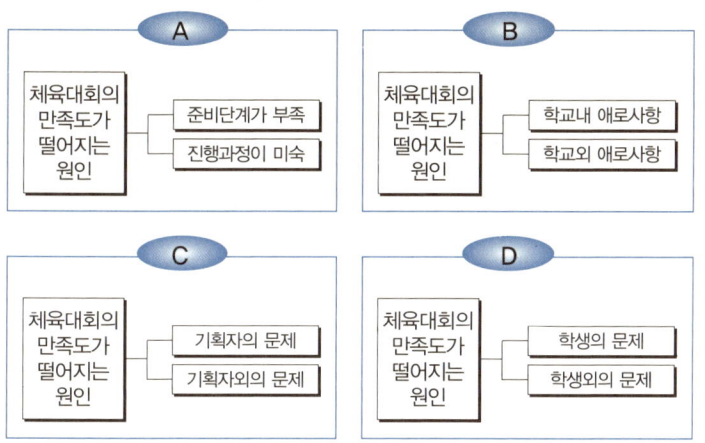

　중요한 것은 처음 세분화 축을 어떤 요인 즉, 원인의 요인들 중에 다른 것들의 대표적인 것(근본원인을 찾을 수 있는)이 될 수 있는 것을 찾아내는 것입니다.

　이 대표적인 요인을 잘 선정하면 Logic Tree의 폭과 깊이를 충분히 나타낼 수 있으면서 가장 정확한 근본원인을 찾을 수 있는 Logic Tree를 그릴 수 있습니다.

　위의 그림에서 A, B, C, D 중 어떤 것을 Logic Tree의 세분화 기준축으로 그리면 현재의 문제원인을 보다 잘 찾아낼 수 있을지 각자 생각해봅시다.

Logic Tree의 실전 사례

앞에서도 얘기했지만 Logic Tree를 작성할 때에는 1단계 원인도출(세분화 기준) 후 검증을 통해 이 기준이 이 문제의 근본원인을 도출하는 데 가장 핵심적인 내용인 것을 확인하고 다음 단계로 진행해 나아가야 합니다.

로직 트리의 다음 단계는 데이터로 측정 가능한 최소단계까지 가야 합니다. 적어도 4단계 이상 진행시켜야만 효과를 볼 수 있습니다.

다음의 그림은 불량품 발생 문제를 해결하기 위한 Logic Tree 작

| Logic Tree 작성 사례 |

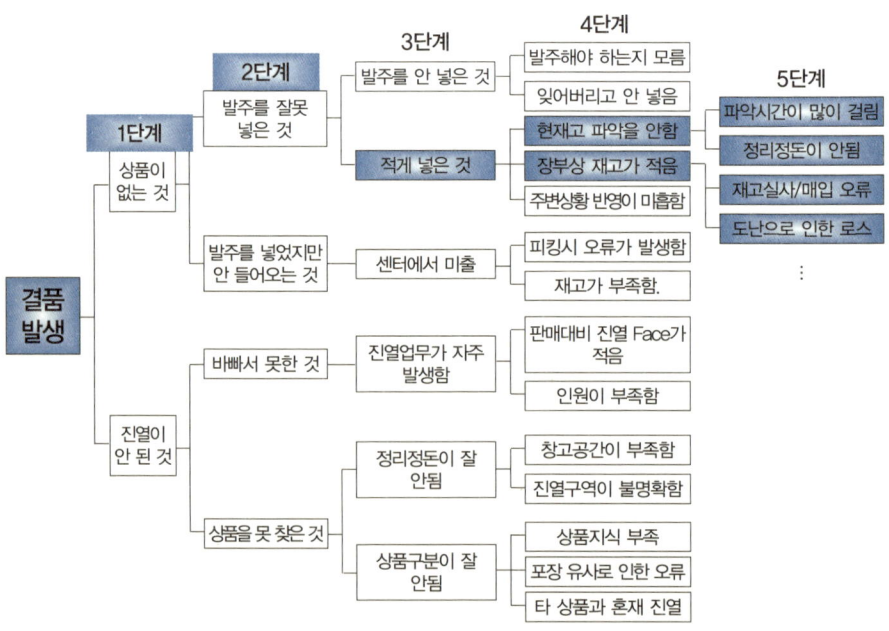

성사례로서 4단계 이후는 각자가 자기 관점에서 작성해 보면 과정을 이해하는 데 도움이 될 것입니다.

Fish-bone 다이어그램을 이용한 원인 찾기

지금까지 원인도출을 위한 Logic Tree에 대해서 알아보았습니다. 그러면 원인도출을 위해서는 무조건 Logic Tree를 그려야 하는지에 대해 의문이 있을 것 같습니다. 만약 복잡하지 않은 문제의 원인을 찾을 때는 어떤 툴을 활용할 수 있을까요? 이것에 적합한 원인분석 툴인 Fish-bone Diagram을 소개해 드리겠습니다.

| Fish-bone Diagram 작성 사례 |

〈사용 방법〉

- 핵심 이슈 설정 (예 : 맛없는 커피)

- 가능한 원인(브레인 스토밍)

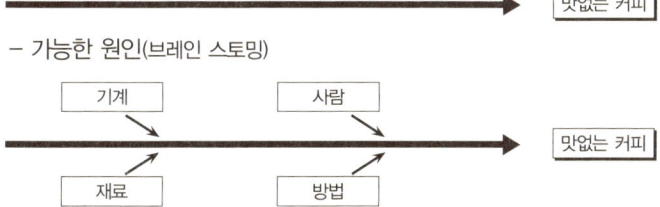

- 가장 유력한 원인 파악

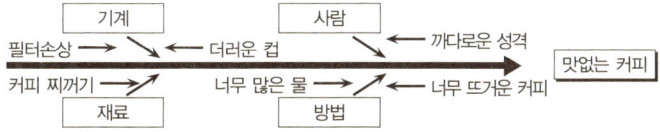

우리말로 어골도(魚骨圖)라고 하는 이것은 문제의 근본원인을 찾아 나가는 과정을 그림으로 표시한 것으로, 그림이 마치 물고기의 뼈 같은 모양을 하고 있어 '피쉬본 다이어그램'이라고 합니다.

이 기법은 문제의 잠재적 원인을 순서대로 범주화하고 그 범주에 속하는 프로세스상의 문제들(잠재적 원인들)을 모두 기술한 뒤에 그 중에서 근본적 주요 원인을 찾아나가는 방식으로 진행됩니다.

당연히 피쉬본 다이어그램을 그려서 근본원인을 찾을 때도 우리가 사용한 MECE 사고에 의해서 찾아야 할 것입니다.

찾아낸 원인검증하기

지금까지는 문제점의 원인을 찾아내는 원인분석을 위해서 MECE의 사고와 Logic Tree 방법 등을 학습했습니다.

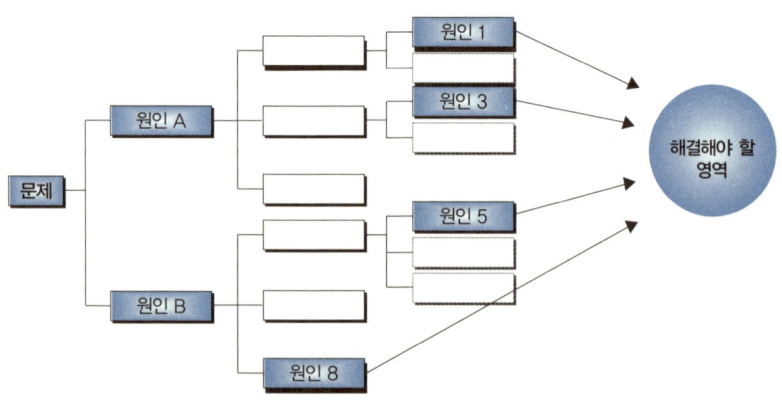

기획적 사고에서 배운 가설지향 사고도 가설을 설정하면 반드시 검증을 해야 한다고 말씀 드렸습니다. 그것과 연관해서 우리가 원인에 대해서 '이것이 문제의 근본원인인 것 같다' 라고 정했다면 그 다음에는 우리가 정한 원인이 근본원인인지를 조사 및 분석을 통해 검증을 해야만 합니다.

그래서 우리가 근본원인이라고 정한 것(1개도 될 수 있고 2~3개도 될 수 있음)이 정말로 이 문제에 영향력을 주는 근본원인으로 밝혀지면 해결의 실마리를 제공해주는 원인을 찾은 것입니다. 그러나 조사해 본 결과 근본원인이 아니면 다른 근본원인을 찾아야 합니다.

원인검증

도출된 원인들에 대한 검증을 통해 문제에 영향을 주는 실제 원인을 도출해 해결해야 할 영역 즉, 근본원인인지 아닌지를 확인하는 과정입니다.

도출한 원인에 대한 검증을 위해서는 어떠한 내용을, 언제까지, 누가 검증할 것인지 사전에 계획을 수립해야 합니다.

'원인검증 계획(예)' 표에서 보듯 팀의 구성원이 업무분담을 하지 않고 혼자서 검증계획을 세울 수 있음을 보여주고 있습니다. 단, 혼자서 실행하더라도 반드시 실행 전 Work Plan 즉, 원인검증 계획을

| 원인검증 계획(예) |

원인	분석내용	수집방법	담당	일정	비고
상품 발주해야 하는지 모름	· 경영주 발주현상 점검 · 경영주의 발주 로직 이해 여부	· 재고수량과 판매수량 비교 · 경영주 인터뷰	○○○ 사원	1/7~14	
현재 재고 파악을 안 함	· 현재 재고 파악시간 분석 · 파악상품 개수 파악 · 백룸 정리현상 파악 · 혼재 여부 파악	· 경영주 인터뷰 · 실제조사	XXX 사원	1/7~9	
⋮	⋮				

작성하고 이에 따라 일정관리를 하는 것이 중요합니다.

성공요소(KFS)와 Bottlenecks 찾기

지금까지는 과제와 문제의 원인을 망라해 보고 유력한 핵심원인을 찾는 방법으로 '근본원인 찾기'를 했습니다.

그런데 여러분께서 기획을 하실 때, 한번도 우리 조직에서 해본 적이 없는 기획을 하게 되었을 때에 이제까지 우리가 배운 '근본원인 찾기' 방법을 적용하기 어려울 수도 있습니다.

따라서 한번도 해보지 않은 기획에서는 다른 방법을 사용해야

| KFS 사례(쇼핑몰 운영의 성공요인) |

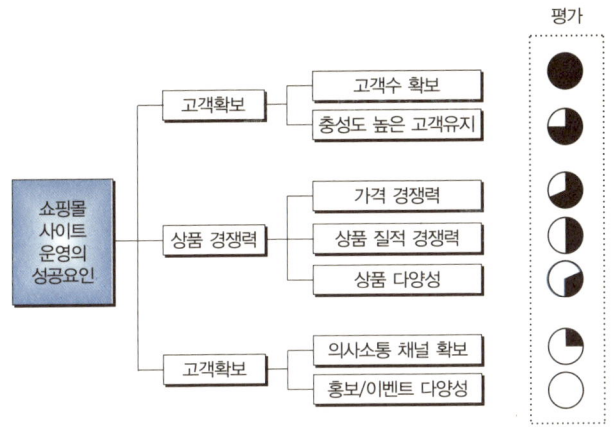

합니다.

그 방법에는 두 가지가 있습니다.

우선 첫 번째는 KFS(Key Factor Success) 분석입니다.

다시 말하면 '핵심 성공요소'를 찾는 것입니다. 우리가 기획을 하기 위해서 우리가 정한 목표 즉, 과제를 달성하려고 하는데 지금까지 해 보지 못한 새로운 것이라면 어떻게 원인을 찾을 수 있을까요?

'근본원인 찾기'가 어려우므로 우리가 정한 목표를 달성하기 위한 성공요소를 파악해서 그 중에 부족한 부분을 강화하고 구축하면 우리의 목표를 달성할 수 있습니다. 이것이 핵심 성공요소 즉, KFS 분석을 모색하는 이유입니다.

두 번째는 반대로 목표를 달성하는 데 장애물이 되는 요소를 나열해서 가장 큰 장애가 되는 장애물 즉, Bottlenecks을 찾아 이를 제거 개선함으로써 우리의 목표를 달성할 수 있습니다.

  이처럼 문제해결을 위해서 무조건 '근본원인 찾기' 방법을 사용하는 것이 아니라, 그 문제에 맞는 원인 찾기를 사용해야 합니다. 그러나 이 두 가지 역시 Logic Tree를 사용합니다.

TIP

문제를 의식하지 못하는 것 자체가 큰 문제라고 할 수 있다. 개인뿐 아니라 기업에서의 최대의 위기는 문제의 존재를 알아차리지 못하는 데 있다. 문제의 실체를 파악하는 것이 문제해결의 기본이다. 서양 속담에 '문제가 무엇인가 알면 반은 이미 풀린 것이다'라는 말이 있다. 이것은 진실이다. 문제를 애매모호하게 파악하기 때문에 침착하지 못하고 갈팡질팡하는 것이다.

《시간관리와 자아실현》 중에서

 올바른 원인분석 하기

· MECE 사고
사고의 Framework으로 MECE는 개념화/도식화의 과정에서 개념의 중복이나 누락 없이 전체 윤곽을 파악하는 사고 방식

· Logic Tree
로직 트리는 분석을 보다 논리적이고 효과적으로 진행하기 위해 MECE의 사고방식에 따라 주요항목을 트리 형태로 분해하는 것을 말함

· 원인검증
도출된 원인들에 대한 검증을 통하여 문제에 영향을 주는 실제 원인을 도출하여 해결해야 할 영역 즉 근본원인인지 아닌지를 확인함

· KFS
목표를 달성하기 위한 성공요소 중 가장 핵심이 되는 성공요소를 찾아 부족하고 없는 요소를 강화하고 구축하는 것

· Bottlenecks
목표를 달성하는 데 우리에게 가장 취약한 영역이나 장애요인을 나열해서 가장 큰 장애가 되는 장애물을 찾아 제거 개선함

3단계 – 해결안 찾기

해결안 찾기의 절차

지금까지 원인분석을 통해서 문제의 근본원인을 도출하는 것에 대해서 알아보았습니다. 원인을 찾았으니 그 원인을 해결할 해결안 즉, 대안을 도출해야 합니다.

우리는 앞에서 창의적인 기획에 대해서 이야기했습니다. 우리의 대안이 이전 것을 그대로 모방하거나, 다른 사람의 대안과 비슷하여 획기적이지 않으면 창의적인 기획(안)이라고 할 수 없으며, 고객들도 감동시키지 못할 것입니다.

그래서 이번에 학습하는 해결안 도출에서 다양한 창조적인 툴을 통해서 고객을 감동시키는 독창적이며 실용적인 대안을 도출해야 합니다. 우리는 모두 이런 잠재력을 가지고 있습니다. 우리 안에 잠재된 깜짝 놀랄 아이디어를 하나하나 끄집어 내도록 합시다.

| 해결안 찾기의 과정 |

1단계
해결안 도출

2단계
해결안 평가 및 선정

정의
- 근본원인을 제거할 수 있는 최적의 해결안을 도출한다.
- 도출된 해결안중 실행계획을 세울 해결안을 선택하기 위한 기준을 선정하여 최종 해결안을 선정한다.

TOOL
- Brainstorming
- SCAMPER
- Logic Tree
- Criteria Rating
  (자체 기준설정에 의한 평가)

　해결안 도출은 문제로부터 도출된 근본원인을 효과적으로 해결할 수 있는 최적의 해결방안을 수립하는 단계입니다.

　우리의 해결안이 고객을 만족시키고, 감동시키기 위해서는 기존의 발상을 깨뜨리는 획기적이고 창의적인 해결안을 도출해야 합니다.

　고객에 대한 진심어린 애정과 관심이 있어야 고객의 마음을 움직이고 고객 자신들조차 모르는 새로운 해결안을 만들 수 있는 고객통찰(Insight)이 있어야 되겠습니다.

　다시 말해서 고객마인드가 있어야 합니다. 이것 없이는 고객이 진정 원하는 해결책을 도출하기는 어렵다고 봅니다. 고객통찰이란 고객의 행동, 습관, 가치관 등을 고객관점에서 면밀히 분석하고 창조력을 발휘하여 그들이 중요시하고 가치 있어 하는 것을 추출하는 것으로, 선물을 주고 싶은 사람을 특별한 관심으로 면밀히 관찰하며 연구하는 것과 같은 자세입니다.

　그래서 새로운 획기적인 해결책을 도출하기 위한 전제조건은 우리가 얼마나 고객지향적이며 고객을 감동시키려는 열정이 있는가 하는 점입니다. 아무리 창의적인 툴을 안다 하더라도 먼저 고객에 진정한 관심과 애정이 없으면 무용지물입니다.

문제해결의 전제조건 창의력

이제는 해결안 도출에 앞서 창의력에 대해서 함께 알아봅시다.

창의란 무엇입니까? 지금까지 없었던 새로운 것을 만들어내거나 생각해내는 능력, 또한 새롭고 신기한 것을 낳는 힘(길퍼드)을 말합니다. 창의적인 것은 가치 있고 유용해야 합니다. 즉 아무리 신기하고 비범해도 실용적인 것이 되지 못한다면 그것은 결코 창의적이라 부를 수 없습니다.

좀더 창의력에 대해서 알아봅시다. 창의력은 선천적인 것이 아니라 창조하기 위한 기술을 습득함으로써 익숙해지는 것입니다.

창의력을 타고난 재능이라고 해서 개발하지 않는다면 한정된 사람들만의 재능인 채로 끝나버립니다. 그렇지만 그것을 훈련하는 도구나 기술 등을 체득하면 자전거 타기와 마찬가지 효과가 있어서 누구나 창의력을 끊임없이 발휘할 수 있습니다.

창의력은 반드시 지능과 상관되는 것은 아닙니다. 오히려 머리가 좋은 사람은 자기확신이 지나쳐 자기생각만 고집하기 때문에 창조적

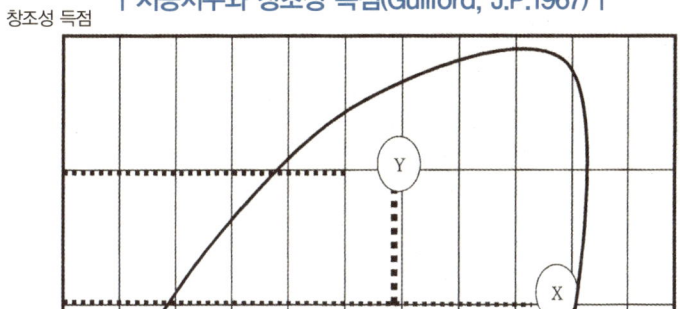

으로 생각하는 것이 어려운 경우가 많습니다. 이것을 '지능의 덫(intelligent trap)'이라고 합니다.

Mental Lock

창조적 사고를 저해하는 10가지 말 - 미국인들의 핑계

① 정답은 유일하다

② 그것은 논리적이지 않다

③ 룰에 따르라

④ 현실적으로 생각하라

⑤ 애매함을 피하라

⑥ 틀려서는 안 된다

⑦ 놀이는 경박하다

⑧ 그것은 내 전공이 아니다

⑨ 바보 같은 생각은 하지 마라

⑩ 나에게는 창조성이 없다

Mental Lock

창조적 사고를 저해하는 10가지 말 - 일본인들의 핑계

① 그건 다른 회사에서 하고 있는가

② 잠시 상황을 지켜보자

③ 다른 데서 성공한 사례는 있는가

④ 잘 될까

⑤ 먼저 해야 할 일이 너무 많아

⑥ 그런 것은 상사가 허락하지 않을 거야

⑦ 옛날에 이미 검토한 거야

⑧ 만약 실패하면 책임져야 한다

⑨ 급하게 바꿀 수는 없다

⑩ 지금의 방식으로 잘 되고 있다

창의력 사고의 4가지 구성요인

창의력 사고의 구성요인은 유창성, 유연성, 정교성, 독창성 등인데

각각의 예를 들어보면 다음과 같습니다.
- 유창성 : 과제로부터 많은 것을 연상하기, 특정한 문제 상황에서 가능한 많은 대안 제시하기
- 유연성 : 서로 관계가 없는 듯한 사물이나 현상들 간의 관련성 찾기, 사물이나 현상의 여러 가지 속성들을 추출하고 속성별로 생각하기, 발상 자체를 전환시켜 다양한 관점을 적용시키기
- 정교성 : 다른 사람과 차별화된 기발하고 새로운 생각하기, 기존의 사물이나 생각을 부정하고 다르게 생각하기
- 독창성 : 아이디어를 보다 구체적이고 세밀하게 만들기, 잘 다듬어지지 않은 생각을 실제적 가치를 고려하여 발전시키기

브레인스토밍으로 창의력 개발하기

지금부터는 해결안 도출에 사용할 수 있는 창의적 툴을 배워봅시다.

먼저 우리가 조직에서 많이 사용하고 있는 브레인스토밍(Brainstorming)입니다. 유명한 광고인이며, 미국 광고대행사인 BBDO의 사장이었던 앨릭스 오스본이 1953년 그의 저서 《창의력을 펴라 (Applied Imagination : Principles and Procedures of Creative Problem Solving)》에서 광고에 관련된 아이디어를 내기 위한 회의방식으로

처음 생각해냈습니다.

이것이 나중에 브레인스토밍(Brainstorming)이라고 불리게 된 것입니다.

지금까지의 조직에서의 아이디어 회의도 문제를 해결하기 위해서 여러 사람이 아이디어를 내고 있었다면 브레인스토밍은 기존 회의방식과 무슨 다른 점이 있을까요?

근본적인 차이점은 브레인스토밍에서는 4가지 원칙이 있으며 철저히 이 원칙에 따라 회의를 진행한다는 점입니다. 이것이 있기 때문에 일반회의와는 전혀 다른 분위기와 결과를 낳습니다.

브레인스토밍의 기본원리

미국의 광고업자 앨릭스 오스본(Alex F. Osborn)에 의해 창안된 회의방식의 하나로 사람들이 모여 어떤 주제나 문제에 대해 다양한 의견이나 아이디어를 내도록 하는 창의적 기법입니다.

그러면 브레인스토밍을 할 때 반드시 지켜야 할 4가지 기본 규칙에 대해서 좀더 자세히 알아보겠습니다.

① 자유분방

모든 구성원은 어떤 '금기'에서도 벗어나야 합니다. 사고의 자유로

움이란 브레인스토밍의 가장 중요한 원칙입니다. 자신이 하고 있는 지금의 생각이 좋든 나쁘든 그것이 중요한 것이 아니라 그러한 생각마저도 못하는 부자연스러움이 더 큰 문제임을 명심해야 합니다.

② 양의 추구

의견 혹은 아이디어는 많으면 많을수록 좋습니다. 다소 주제와 멀다고 생각되더라도 그것은 듣는 사람의 주관적인 생각일 뿐입니다. 다양한 생각과 아이디어를 통해 파괴력이 강한 진짜 아이디어로 만들어갈 수 있음을 명심해야 합니다.

③ 비판엄금

의견 혹은 아이디어에 대한 듣는 사람의 비판은 자칫 구성원의 사고를 틀어막게 하는 독이 될 수 있습니다. 이 기법의 가장 큰 특징은 꼬리에 꼬리를 무는 사고의 발전성입니다. 가만히 놔두면 기하급수적으로 발전할 수 있는 아이디어를 초반부터 꺾어버리는 비판은 브레인스토밍의 절대적인 적입니다.

④ 아이디어 확충

이미 제안된 의견이 있다면 이를 결합시켜 폭발력 있는 아이디어로 생산해야 합니다. 즉, 제1안, 제2안을 결합하고 통합시켜 제3의 아이디어를 만들어내야 하는 것입니다.

| 브레인스토밍 기본원칙 |

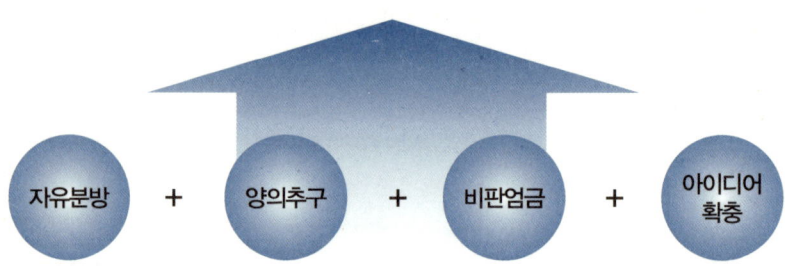

브레인스토밍 회의 절차

브레인스토밍 회의 절차에 대해서는 의외로 많은 사람들이 알고 있지만 제대로 알고 하는 사람들은 적은 편입니다. 간단한 방법이지만 올바르게 실행하는 것이 중요합니다. 브레인스토밍에 대해 잘 안다고 생각해 색다른 방법을 찾기도 하지만 이 방법을 제대로 실천만 한다면 정말로 훌륭한 아이디어를 도출할 수 있습니다.

1. 브레인스토밍의 목적을 정하고 문제를 정의한다.

브레인스토밍을 하는 이유와 얻고자 하는 산출물이 무엇인지를 명확히 이해해야 아이디어가 나옵니다.

2. 규칙을 마련하고 엄수한다.

예를 들면, 브레인스토밍 활동 중에 아이디어를 판단하는 일은 하지 않기로 했다면, "저건 별 효과가 없겠어. 왜냐면 …"이라든지 "…일 테니 이 아이디어는 실용성이 하나도 없겠군"이라고 말하면서 새로운 아이디어를 막는 일은 없어야 합니다.

3. **연습한다.**
4. **회의를 진행한다.**

· **목표치를 정한다.**

브레인스토밍 활동에서는 활동기간이나 수집 가능한 아이디어 개수가 목표치의 척도가 됩니다.

· **어떤 아이디어든 관계없이 말한다.**

어리석은 아이디어는 없으므로 허무맹랑해도 좋습니다. 이것이 브레인스토밍의 철칙입니다.

· **서두르지 않는다.**

충분한 아이디어가 산출되고 과제 해결에 효과가 있을 만한 아이디어를 선택할 수 있을 때까지 계속해서 아이디어를 발상합니다.

· **자신의 아이디어를 미리 판단하지 않는다.**

브레인스토밍 활동은 아이디어를 평가하는 자리가 아니라 새로운 아이디어를 만드는 자리이므로 평가는 다음으로 유보합니다.

· 다른 사람의 아이디어를 개량한다.

　때로는 기존 아이디어를 개선하거나 고치기만 해도 좋은 해결책을 찾을 수 있습니다.

· 아이디어를 많이 만든다.

　산출된 아이디어가 5~6가지일 때보다는 열, 스물 또는 그 이상일 때 더 좋은 아이디어가 선택될 확률이 높습니다.

· 두려워하지 않아야 한다.

　스스로 브레인스토밍에 기여하고 있다고 믿고 자신의 아이디어를 다른 사람이 어떻게 생각할지 걱정하지 않으면 훌륭하고 창의적인 아이디어가 자신의 머리에서 나올 확률이 높아집니다.

5. 종결한다.
6. 낭독한다.
7. 결합 발전시킨다.

| 브레인스토밍 회의절차 |

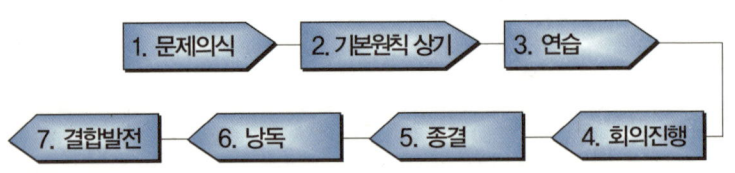

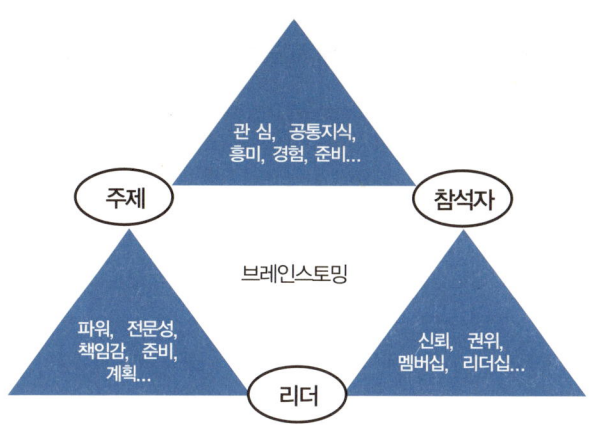

브레인스토밍의 단점

브레인스토밍은 아이디어 발상에 대한 장점에도 불구하고 몇 가지 단점을 지니고 있습니다. 브레인스토밍 집단과 명목집단(말 그대로 이름만 집단인 집단) 간의 생산성 비교 연구 결과, 명목집단이 브레인스토밍 집단보다 생산성이 높게 나타나는 것으로 나타났습니다.

브레인스토밍이라 하면 구성원들의 폭발적인 의견과 아이디어를 필수요건으로 하는데 어떻게 명목집단의 생산성이 높은가에 대해 연구자들은 상당한 의구심을 갖고 그 원인을 찾기 시작했는데, 다음과 같은 3가지 원인으로 요약했습니다.

첫 번째는 브레인스토밍 집단에서는 한 사람이 얘기하고 있으면 다른 사람은 얘기할 수가 없습니다.

| 브레인스토밍의 단점과 변형 |

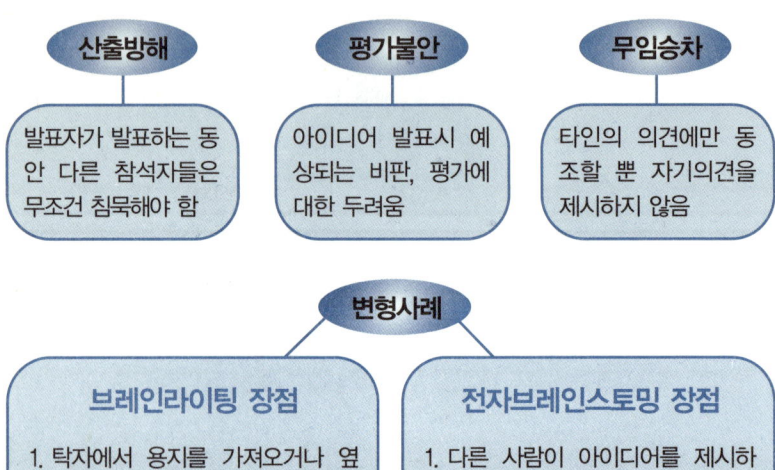

　회의를 하는 중에 좋은 아이디어가 생겨도 다른 사람이 얘기하고 있으면 자신이 바로 얘기할 수 없고 기다리다 보면 잊어버리기도 합니다. 연구자들은 산출방해를 집단 브레인스토밍의 생산성 손실의 가장 큰 원인으로 보고 있습니다.

　두 번째는 브레인스토밍의 규칙 중 "다른 사람의 아이디어에 대해

절대 비판하거나 평가하지 말라"는 규칙이 분명히 있는데도 여럿이 얼굴을 맞대고 얘기할 때 '내가 이런 얘기를 하면 다른 사람이 나를 어떻게 볼까'라는 염려를 하지 않을 수 없습니다. 그래서 아이디어를 자유자재로 내지 못하게 된다는 것입니다.

세 번째는 집단 상황에 있게 되면 항상 집단의 공동 노력에 대해 무임승차하는 사람들이 있게 마련입니다. '다른 사람들이 얘기를 많이 하니까 나는 안 해도 되겠지', '다들 똑똑한 사람들이니까 나는 빠져도 되겠지'와 같은 생각을 하는 사람이 항상 있습니다. 브레인스토밍 집단에서도 적극적으로 집단 활동에 참여하지 않고 다른 사람의 아이디어에 편승하거나 말을 아끼는 사람들이 있습니다.

그래서 브레인스토밍의 단점을 보호하기 위해 두 가지의 변형된 모습의 방법이 제시되고 있습니다. 바로 브레인라이팅과 전자브레인스토밍입니다. 브레인라이팅은 브레인스토밍과 동일하지만 절차상 약간 다릅니다. 브레인라이팅에서는 브레인라이팅 용지를 사용합니다. 용지의 특별한 형태는 없고, 다만 표가 그려져 있고 그 표 안에 여러 칸이 있어 각 칸에 자신의 아이디어를 써 넣을 수 있습니다.

그리고 다른 사람이 쓴 아이디어도 볼 수 있습니다. 참석한 사람들 중에 누구를 특별히 지정할 필요 없이 누구나 탁자에 있는 용지를 가지고 와서 앞서 기록한 아이디어를 읽어보고 그것을 힌트로 하여 새로운 아이디어를 기록할 수 있습니다.

이런 식으로 한동안 반복하다 보면 많은 아이디어가 나올 수 있습니다. 전자브레인스토밍은 네트워킹된 PC를 활용한 브레인스토밍입니다. 인터넷상의 채팅이나 토론방도 전자브레인스토밍의 한 형태입니다. 이러한 전자브레인스토밍을 지원하는 소프트웨어가 많이 개발되어 있는데, 그룹시스템(Groupsystems), 아이디어피셔(Ideafisher), 비전퀘스트(Visionquest), 팀포커스(Teamfocus) 등입니다.

SCAMPER 사고로 문제해결 방법 찾기

이번에는 좀더 획기적인 아이디어를 도출하기 위한 창의적 기법 중의 하나인 SCAMPER에 대해서 알아보겠습니다. SCAMPER는 대치(Substitute), 결합(Combine), 응용(Adapt), 수정(Modify), 다른 용도로 사용(Put to Other uses), 제거(Eliminate), 재구성(Rearrange)을 뜻하는 7개 영어 단어의 알파벳 첫 자를 따서 만든 말로서 아이디어 회의에서 자주 사용하는 창의성 기법 중 하나입니다.

우리의 뇌는 자극(정보)을 받으면 자동적으로 뇌 속에 있는 과거의 기억(정보)을 짜고 맞추어 먼저 '인식작업'을 행하고 판단하여 그 인식에 따라 어떻게 반응할 것인지 순서를 정하고 행동합니다.

'인식'이 한번 행해지면 다른 '인식'을 하지 않는 경향이 있습니다. 창조성을 발휘한다고 하는 것은, 한번 결정된 인식을 다양하게 바꾸어보는 것, 한마디로 의도적으로 인식을 다시 구성하여 다른 견

해를 가져보는 '사고 실습'을 반복하는 것이라고 말할 수 있습니다. 그래서 SCAMPER를 통해서 의도적으로 우리의 사고의 틀을 바꾸고자 합니다.

SCAMPER의 활용 사례

· 대체와 결합 사례

그러면 SCAMPER의 실례를 보면서 이해의 폭을 넓히도록 하겠습니다. 우선 대체와 결합에 관한 이야기를 소개하겠습니다.

전구의 부피를 계산하게 된 수학자가 있었다. 전구는 구도 아니고 원통도 아닌 특이한 모양이었다. 이 수학자는 매우 똑똑한 사람이었지만, 문제가 그다지 쉽지 않았다. 수학자는 책이란 책은 모두 참고하고, 다양한 공식도 시도하고, 다른 사람에게 자문도 구했다. 수학자가 한창 일에 몰두하고 있을 때, 에디슨이 산책에서 돌아와 말했다. "바깥 날씨가 정말 화창합니다."

수학자는 내심 심드렁한 표정이었다.

"난 여기에 앉아 연필을 부러뜨려가며 문제를 풀고 있는데, 당신은 팔자 좋게 산책이나 하셨구려." 에디슨은 계속 말했다. "참, 내가 정말 멋진 소나무를 발견했지 뭡니까? 그런데 솔방울이 거꾸로 자라더군요. 당신은 그 사실을 알고 있었습니까?" 그 말을 한 직후 에디슨은 물 한 잔을 따르러 갔다.

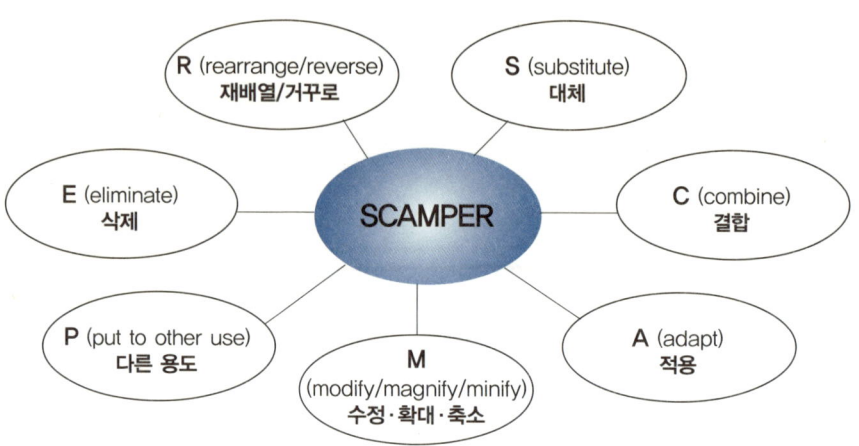

그러나 컵을 사용하지 않고 수학자의 책상으로 걸어가 전구를 뒤집어들고는 거기에 물을 따랐다. 그런 다음 수학자에게 건네며 말했다. "자, 여기 있습니다. 물의 양을 측정해 보세요."

· 적용, 수정·확대·축소 사례

이번에는 적용과 수정·확대·축소에 관한 이야기를 소개하겠습니다.

소년이 양을 돌보고 있었는데 조금만 한눈을 팔아도 양들은 울타리를 넘어 이웃의 콩밭을 망가뜨렸다. 소년은 그 때마다 주인에게 꾸중을 들었다. '어떻게 하면 양들이 울타리 밖으로 넘어가지 못하게 할까' 이런 생각을 하던 소년은 어느 날, 양들이 울타리를 뛰어넘는 모습을 유심히 관찰했다. 그

Substitute	Combine
질문 : 다른 누가 / 다른 무엇이 사례 : 휘발유 대신 LPG를 사용하는 자동차 / 연탄재 벽돌 / 종이컵 / 나무젓가락	질문 : 새로운 무엇과 혼합하면 / 여러 목적들을 합치면 / 단어들을 조합하면 / 흩어져 있는 것들을 모으면 사례 : 나일론(석유의 부산물 혼합) / 매직 훌라후프(훌라후프+지압+안마결합)

Adapt	Modify
질문 : 다른 곳에 적용하면 / 변환하면 / 각색하면 / 이것과 비슷한 것은 사례 : 햄버거 모양을 본떠 만든 전화기 / 입술모양의 립스틱 케이스 / 도시락 모양의 어린이용 책 / 신발, 가방 등의 벨크로(찍찍이)	질문 : 확대시키면 / 축소시키면 / 변형시키면 / 소리나 향기를 바꾸면 / 빈도를 높이면 사례 : 수정 - 물파스 / 빨대, 축소 - 전자제품들 / 장난감 미니카 / 고장의 상징물, 확대 - 영화 〈킹콩〉 / 볼링장 건물의 대형 볼링핀

러자 양들은 철사로 둘러친 울타리 쪽으로만 뛰어넘고, 가시가 돋힌 장미덩굴이 있는 쪽으로는 뛰어넘지 않았다. 양들의 속성을 알아낸 소년은 대장간을 찾아가 가시철조망을 만들어 달라고 부탁했다. 그 후 가시철조망은 울타리뿐만 아니라 세계 각국의 군대에서 사용하여 소년을 돈방석 위에 올려놓았다.

· 다른 용도, 삭제, 거꾸로 사례

이번에는 다른 용도, 삭제, 거꾸로에 관한 이야기를 해보겠습니다.

전세계 젊은이들이 즐겨 입는 청바지의 발명가는 천막천 생산업자였던 미국인 리바이 스트라우스(Levi Strauss)였다. 1850년대 초 샌프란시스코에서는 금광개발이 활발히 이루어졌다. 자연히 황금을 캐려고 모여드는 서

Put to other use	Eliminate	Rearrange
질문: 다른 용도는 / 맥락을 바꾸면 어떻게 될까 / 약간 수정하면 다른 곳에 사용 가능한가 **사례**: 포스트잇/ 페타이어 방호벽/ 종이상자 사물함/ 폐기된 기차를 카페로 사용하는 것/ 청바지	**질문**: 특정 속성을 없애 버리면/ 이것을 없애 버리면/ 부품 수를 줄이면/ 없어도 되는 것 **사례**: 추를 없앤 시계 / 무가당 과일주스 / 노천극장 / 덮개가 없는 오픈카	**질문**: 역발상의 사고방법 거꾸로 해보면 / 반대로 하면 / 위치를 바꾸면/ 역할을 바꿔보면 / 원인과 결과의 순서를 바꾸면 **사례**: 재배열-오전9~6시 근무시간을 오전 7시~오후4시로 변경하여 오후시간을 활용하는 방안. 거꾸로- 여름에 겨울 상품세일 / 벙어리 장갑 / 다섯 발가락의 양말 / 셔츠의 앞쪽에 넣었던 무늬를 등쪽에 넣는 것

부의 사나이들로 이른바 '골드러시'를 이루었고, 이에 따라 전 지역이 천막촌으로 변해갔다.

    스트라우스는 이 와중에서 밀려드는 주문으로 톡톡히 재미를 보고 있었다. 어느 날 그에게 군납 알선업자가 찾아와 대형 천막 10만여 개 분량의 천막천을 납품하도록 주선하겠다고 제의했다. 뜻밖의 큰 행운을 잡은 스트라우스는 즉시 빚을 내 생산에 들어갔다. 공장과 직공을 늘려 밤낮으로 생산에 몰두해 3개월 만에 주문받은 전량을 만들어냈다.

    그런데 문제가 발생했다. 모든 희망을 걸었던 군납의 길이 막혀버린 것이다. 산더미만한 분량의 천막천이 방치된 채 빚 독촉이 심해지고 직원들도 월급을 내놓으라고 아우성이었다. 헐값에라도 팔아 밀린 빚과 직원들의 월

급만이라도 해결하고 싶었으나 엄청난 양을 한꺼번에 사줄 사람이 나서지 않았다.

고민에 고민을 거듭하던 어느날 스트라우스는 홧김에 술이라도 실컷 마셔볼 요량으로 주점에 들렀다가 놀라운 광경을 목격했다. 금광촌의 광부들이 옹기종기 모여 앉아 헤진 바지를 꿰매고 있는 것이 아닌가! "쯧쯧…. 바지천이 모두 닳았군. 질긴 천막천을 쓰면 좀처럼 떨어지지 않을 텐데…." 스스로 무심코 뱉은 말 속에 바로 정답이 들어 있었다. 1주일 후 스트라우스의 골칫거리였던 천막천은 산뜻한 바지로 탈바꿈돼 시장에 첫 선을 보였다.

Logic Tree를 이용한 해결 방법 찾기

지금까지 창의적인 툴로서 브레인스토밍과 SCAMPER에 대해서 알아보았습니다. 이번에는 원인분석 때 사용한 Logic Tree를 해결안에 사용하는 것을 배워보겠습니다.

원인분석시 이용한 로직 트리는 각 전개 단계마다 "Why"라는 인과관계를 통해 세분화하여 전개시켰지만, 해결안 도출시에는 "So how(그래서 어떻게 하지)"를 몇 번이고 반복해서 즉시 행동으로 이어질 수 있는 구체적인 해결책을 찾아내어야 합니다.

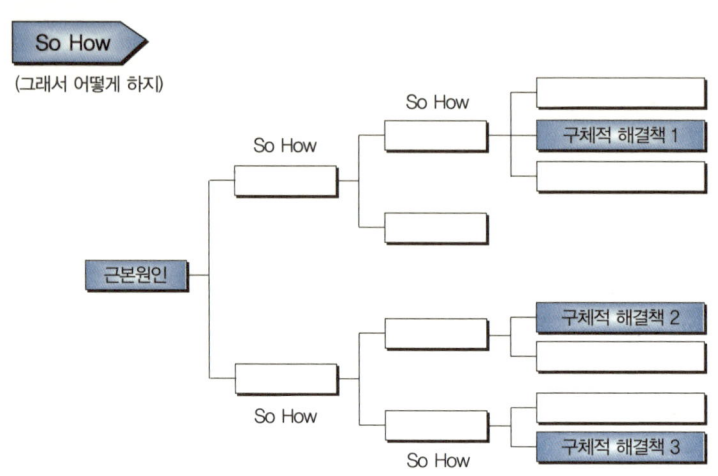

| 건강악화로 강의를 못하는 강사의 해결안 도출(예시) |

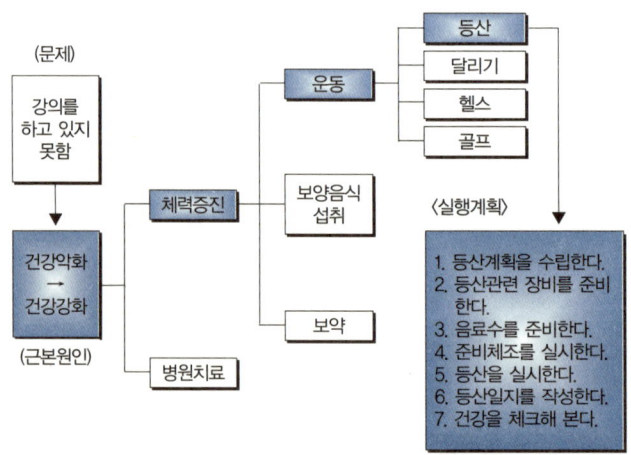

116

▶ **근본원인을 제거할 수 있는 최적의 해결안을 도출**

① 문제-원인 Logic Tree에서 열거된 근본원인을 어떠한 시각·방법으로 제거할 것인지에 명확화한다.

② 독창적이고 혁신적인 아이디어를 도출한다.

③ 전체적인 관점에서 보아 해결의 방향과 방법이 같은 것은 그룹핑하고 응축하여 묶는다.

④ 최적의 해결안을 확정한다.

| 해결안 도출 절차 |

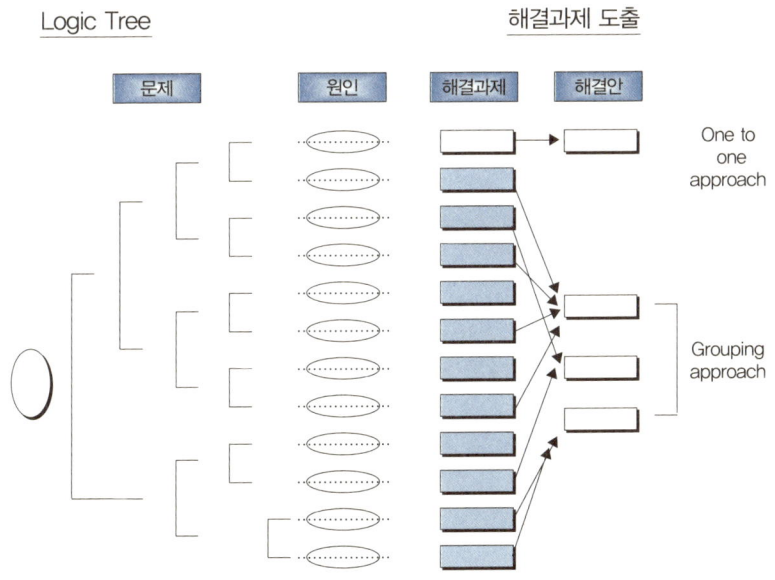

| 해결안 Logic Tree 작성 사례 |

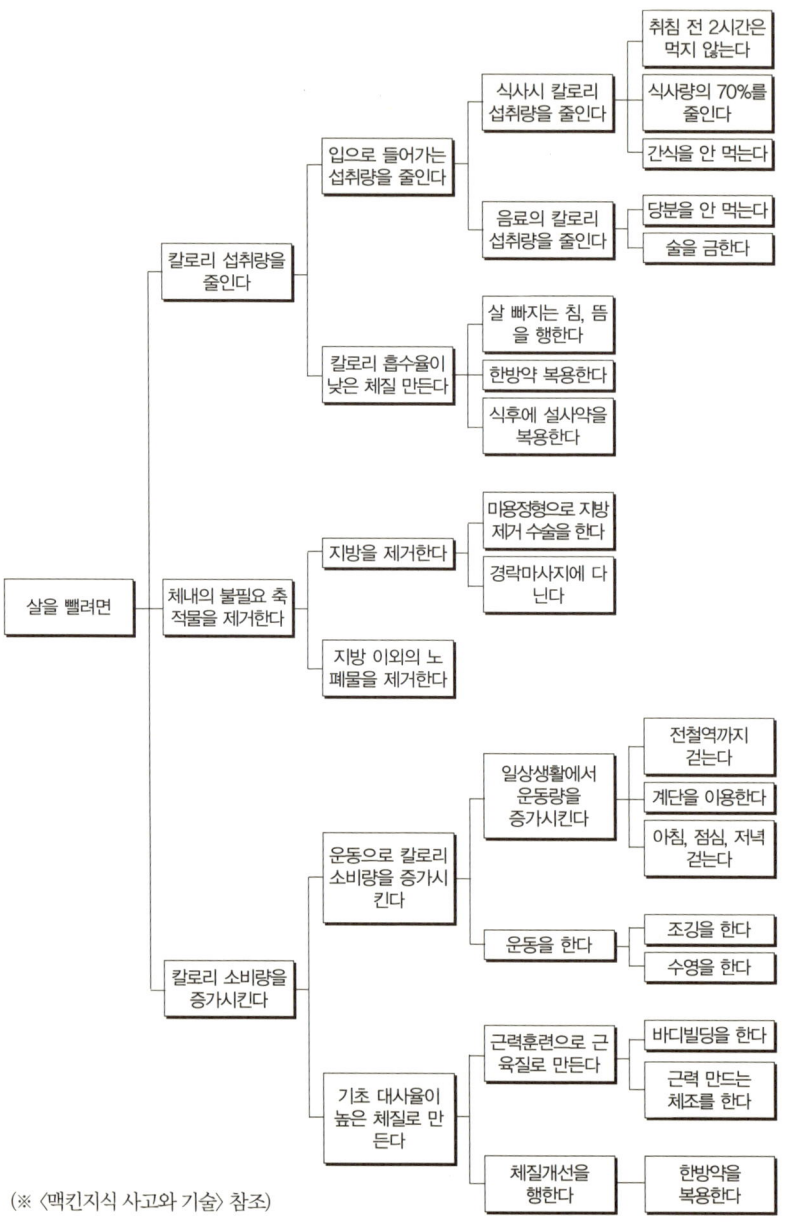

(※ 〈맥킨지식 사고와 기술〉 참조)

사례 예시 ①

올해 32세의 A씨는 얼마 전 맞선으로 만난 여성과 결혼을 고려하고 있다. 따라서 그녀와 결혼을 하기 위한 조건들을 도출하고 선결해야 할 이슈를 찾고자 Logic Tree를 작성해 보고자 한다.

〈1차 Logic Tree〉

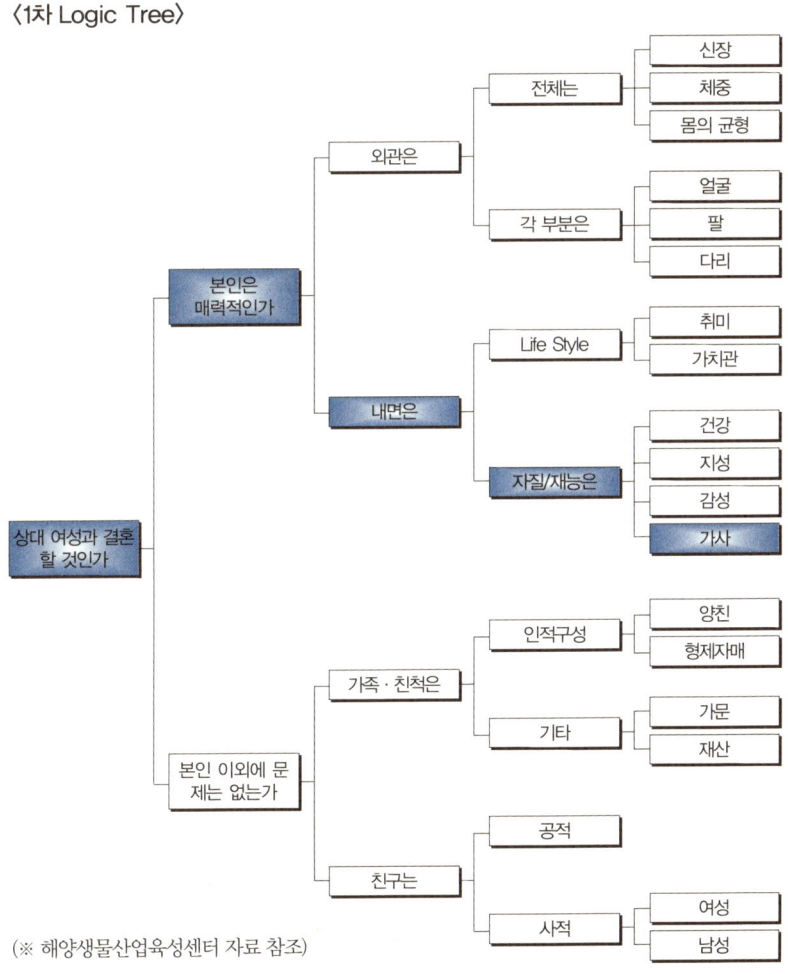

(※ 해양생물산업육성센터 자료 참조)

chapter4 비즈니스맨을 위한 5단계 실전기획

이상과 같이 체크 리스트를 만들어 분석해 본 결과, 가사 특히 요리에 큰 문제가 있음을 발견했다. 그러나 그녀의 주위에는 전혀 문제가 없을 뿐만 아니라 그녀 본인도 그 이외에는 아주 매력적이므로, 간단하게 포기하기보다는 어떻게 해서든지 이 점을 해결하여 결혼을 하고자 한다.

〈2차 Logic Tree〉

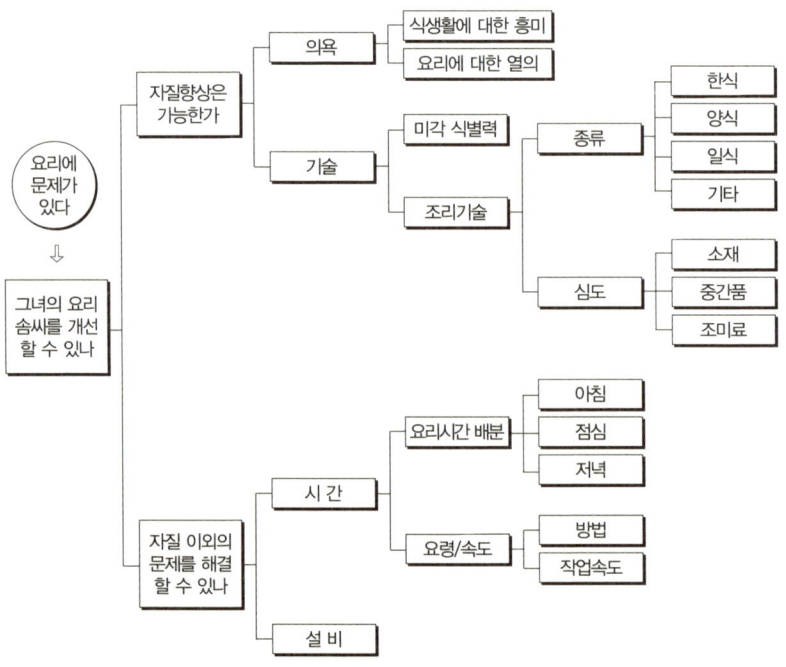

(※ 해양생물산업육성센터 자료 참조)

찾아낸 해결 방법의 평가 및 선정

해결안 도출을 통해 나온 해결안을 평가하여 선정해야 합니다. 도출된 해결안을 모두 실행에 옮기는 것은 잘못된 발상이고, 또 그렇게 할 수도 없습니다. 그래서 성과에 미치는 영향력, 실현 가능성 등 종합적인 고려를 통해 도출된 여러 해결안 가운데 의미 있는 해결안을 선택하여 이에 집중하는 것이 필요합니다.

| 해결안 평가 및 선정 Pay-off Matrix |

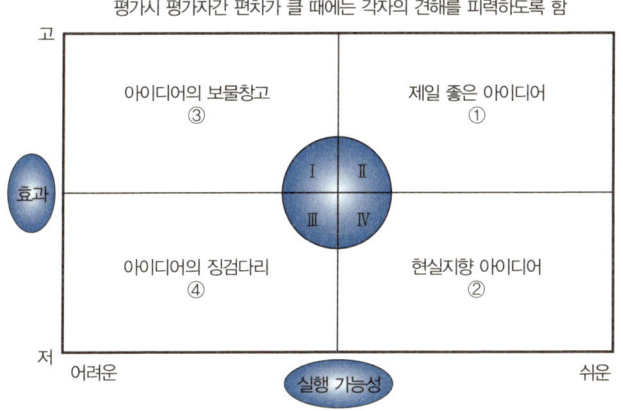

해결안 평가시 유의해야 할 사항

① 사실에 입각한 객관적인 평가

② 실현 가능성과 예상 문제점 고려

③ 장점과 단점을 분명히 함

④ 최대한 계량화하여 상호 비교가 가능토록 함

해결안 평가 및 선정방법 중 Pay-Off Matrix 방법을 알아보겠습니다.

이 방법은 예상성과와 실행의 용이성 양면으로 평가하는 것으로 예상성과가 크고, 실행이 용이한 것을 최우선 해결안으로 선정합니다. 또한 성과는 다소 낮더라도 실행이 용이한 것을 조기 성공체험 측면에서 그 다음 선정의 순위로 정합니다.

| 해결안 선정(Criteria Rating) 예 |

해결방안 후보	개선 기여도	비용 절감	단기간 실행	전파 파급성	총점	실행 순위	비고
신입사원 OJT시 교육	3	5	1	3	12	2	인재육성팀 Co-work
담당별 1일 집합교육	5	3	5	5	18	1	〃
매뉴얼 제작 및 배포	3	1	1	5	10	3	

해결안 평가 및 선정방법의 두 번째인 Criteria Rating(자체 기준설정에 의한 평가)은 자체적으로 부서나 자신의 상황 등에 맞는 평가기준을 설정하고 이에 근거해 평가합니다. 해결안의 선택 개수는 당초 설정한 목표달성 효과를 고려해 개수를 선택(목표성과의 70~80%선을 커버할 수 있는 범위)하면 됩니다.

평가기준 설정시 유의해야 할 사항은 다음과 같습니다.

· 평가기준의 의미를 분명히 해야 합니다.
· 평가기준간의 중복이 없어야 합니다.
· 업무·과제의 특성 등을 고려해야 합니다.

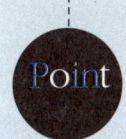 **해결안 찾기의 여러 방법**

◎ 우리의 해결안이 고객을 만족시키고, 감동시키기 위해서는 기존의 발상을 깨뜨리는 획기적이고 창의적인 해결안을 도출해야 한다.
◎ 고객통찰이란 고객의 행동, 습관, 가치관 등을 고객관점에서 면밀히 분석하고 창조력을 발휘하여 그들이 중요시 하는 것을 추출하는 것이다.
◎ 창의적인 것은 가치 있고 유용해야 한다. 즉 아무리 신기하고 비범해도 실용적인 것이 되지 못하면 그것은 결코 창의적이라 부를 수 없다.
◎ 브레인스토밍을 할 때는 반드시 지켜야 할 기본 규칙
 - 자유분방
 - 양의 추구
 - 비판엄금
 - 아이디어 확충
◎ SCAMPER는 대치(Substitute), 결합(Combine), 응용(Adapt), 수정(Modify), 다른 용도로 사용(Put to Other uses), 제거(Eliminate), 재구성(Rearrange)을 뜻하는 7개 영어 단어의 알파벳 첫 자를 따서 만든 말로서 아이디어 회의에서 자주 사용하는 창의성 기법 중 하나이다.

4단계 - **해결안** 적용하기

실행계획을 수립하라

해결안이 선정되면 그 선정된 최종 해결안을 실행하기 위한 구체적인 실행계획을 수립해야 합니다. 기획력은 '기획 + 실행력' 입니다. 무엇이든 생각만 하고 실행하지 않는 것은 아무 의미가 없습니다. 우리가 잘 아는 세계 최고의 글로벌 기업인 도요타 자동차의 혁신사고 중에 실행중심이라는 말이 있습니다. 아래의 도요타 혁신의 기본 정신도 실행의 중요성을 잘 설명하고 있습니다.

> ▶ 도요타 혁신의 기본정신
> 아무리 훌륭한 생각을 하고
> 아무리 강한 발언을 하더라도
> 그것이 행동(실행)으로 이어지지 않는 한

| 해결안 적용 과정 |

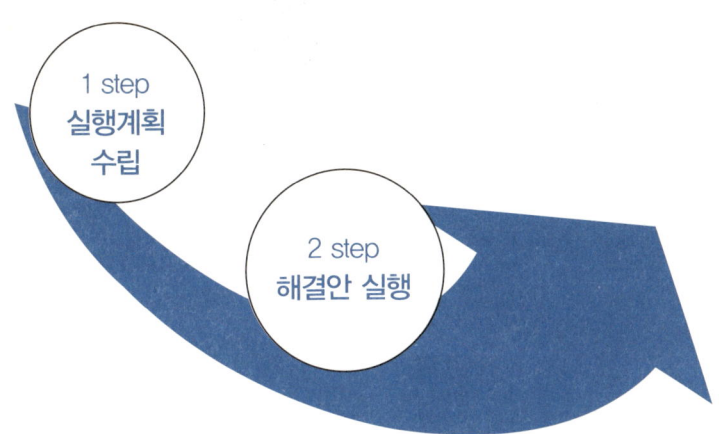

−해결안 개발을 통해 만들어진 실행계획을 실제 상황에 적용하는 활동임.

> 그 가치는 전혀 인정될 수 없다.
> 행동(실행)이 성과를 낳는다.
> 성과가 오르면 모든 것이 해결된다.
> 개선에서 내일이란 있을 수 없다.
> 오직 지금뿐이다.

　실행계획이란 사고를 행동에 옮기는 구체안입니다.
　따라서 현실적이어야 합니다. 실행계획을 수립함에 있어 가장 핵심이 되는 것은 그것을 수행하는 제 자원 즉, 사람, 물자, 돈, 시간, 정보에 대한 현실적인 방안과 문제해결에 참여하는 사람들에 대한 동기부여입니다.

방법으로는 세부 실행 내용의 난이도를 고려하여 가급적 구체적으로 작성하는 것이 좋습니다. 그리고 담당자는 관련 업무에 정통한 직원을 선정하는 것이 바람직합니다.

▶ **목표설정 및 계획 수립시 사용방법인 SMART**
- Specific : 구체적이고
- Measurable : 측정 가능하고
- Achievable : 달성할 수 있고
- Relevant : 적절하고
- Timely : 시간 안에 가능하고

해결안을 실행하기 위해 구체적인 계획을 수립하는 것을 실행계획이라고 하는데 실행계획은 다음과 같은 구성요소로 되어 있습니다.

실행계획 수립시 구성요소
- 무엇을(What)
- 어떤 목적으로(Why)
- 어떤 방법으로(How to)
- 누가(Who)
- 언제(When)
- 어디서(where)

▶ 5W 1H

실행계획을 작성하는 이유는 실행의 목적 및 프로세스별 진행내용을 일목요연하게 파악하기 위해서라고 할 수 있습니다.

최종 해결안을 실행하기 위한 구체적인 계획을 작성하는 방법으로서 1919년 미국의 간트(Gantt)가 창안한 간트 차트를 사용합니다.

간트 차트는 프로젝트를 완수하거나 또는 어떠한 해결책을 실행시키는 데에 필요한 스케줄, 일정, 활동 그리고 책임소재 등을 그래픽으로 보여주어 계획과 통제기능을 동시에 수행할 수 있도록 설계된 바 차트(Bar Chart)를 말합니다.

▶ 전체 진행 흐름

실행계획 세분화 → 각 활동마다 담당자 배정 → 소요시간을 산정하여 마감시간 결정 → 소요시간을 막대(선)로 표시

▶ 기본 양식

구분	세부실행 내용	담당자	추진일정		비고

▶ **실행계획서(Action Plan) 예**

구분 (What)	목적 (Why)	세부실행 내용(How to)	담당자 (Who)	추진일정(When)				비고 (where, etc.)
				1주	2주	3주	4주	

백룸
상품의
위치
확립
	상품별
	백룸 정리/
	재고파악
	용이
		- 백룸내 보관해야 하는 상
		  품군 분류(음료, 주류, 과자,
		  지제품.)
		- 각 상품군별 재고보관 위
		  치 지정
		- 백룸 Lay-out 작성 : 표준
		  /소형/대형
			각 담당
			○○○
			○○○
								영업지원
								Co-work

파일럿 테스트	실행상의 문제점 파악	- 백룸 상품렉 조정 - 상품정리	□□□					

컨티전시 플랜

해결안이 제대로 실행하기 위하여 실행과정 중에 발생할 수 있는 잠정적 문제에 대한 대책을 수립하는 과정입니다.

실행 전에 잠시 생각해 보아야 할 것은 다음과 같습니다.

· 문제해결의 목적은 명확히 인식하고 있는가

· 문제가 해결되었을 때의 Output Image는 가지고 있는가

· 반드시 해결하고자 하는 의지는 가지고 있는가

· 자신이 가지고 있지 않거나 부족한 부분에 대한 보완책은 가지고 있는가

예시〉 실시계획 Statement : 200X년 10월 7일 추계○○점 체육대회를 성공리에 실시한다.

중대영역 실시계획	잠재적 문제의 상정	P	S	원인의 상정	예방대책	긴급시 대책	Trigger 정보
7:30 준비사항 최종확인	사장이 나타나지 않아 대회장 인사가 불가능	4	7	- 깜박 잊는다. - 사장이 늦잠을 잔다. - 사장의 급병	당일 아침 7시에 댁으로 전화한다.	총무인사 담당임원이 대신 인사하게 한다.	8:30이 되어도 사장이 안 나타날 때는 총무부장에게 부탁한다.
8:30 대회장 (사장) 인사	경기중 갑자기 비가 와서 경기 속행이 불가능	3	10		- 비를 피할 수 있도록 텐트를 여유 있게 준비 - 비오는 상황을 보아 도시락을 지급하고 경기중단		비가 20분 이상 올 경우 총무부장이 사장에게 승인을 얻어 경기중단을 선언
9:00 경기개시 경기	경기중 부상자가 생김	5	6	- 평소의 운동 부족 - 운동장에서 넘어진다. - 운동기구가 쓰러진다.	- 2주 전부터 사전운동을 하도록 PR한다. - 운동장 정비를 철저히 해둔다. - 운동기구의 안전성을 재확인한다.	- 간호 받을 준비 - 병원에 데리고 간다. (당일 문을 여는 병원을 확인해 둔다.)	간호원이 상태를 보고 판단한다.

P : Probability(가능성), S : Seriousness (심각성)

해결안 실행 절차

해결안 실행은 초기에는 대상을 좁혀 가능한 것부터 실행하며 그

| 해결안 실행 절차 |

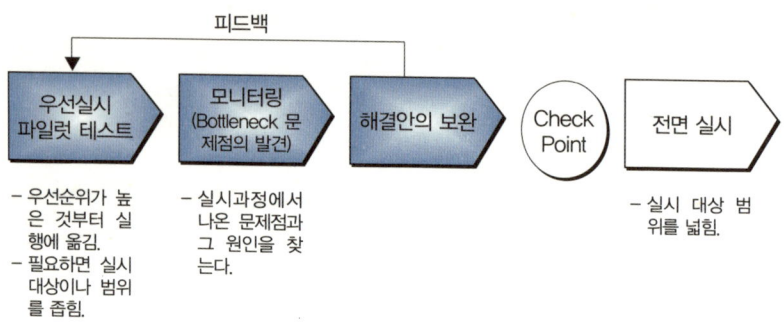

과정에서 보완 및 개선하여 해결안의 완성도를 높이고 일정한 수준에 도달하면 전면적인 전개를 해나갑니다.

> **TIP**
>
> 영웅은 해결책을 찾는 반면, 희생자는 그 문제에 압도되어 버린다. 문제해결이라는 도전을 받아들이면 스트레스가 감소하고 자신감과 에너지를 얻을 수 있다. 자기 자신과 자신의 지성, 직관, 경험을 믿어라. 당신은 자신이 생각하는 것보다 더 많은 답을 가지고 있다.
>
> 《자기관리 성공노트》 중에서

# 해결안의 실행 원칙

◎ 실행계획이란 사고를 행동에 옮기는 구체안이다. 따라서 현실적이어야 한다. 실행계획을 수립함에 있어 가장 핵심이 되는 것은 그것을 수행하는 제 자원 즉, 사람, 물자, 돈, 시간, 정보에 대한 현실적인 방안과 문제해결에 참여하는 사람들에 대한 동기부여이다.

◎ 간트 차트는 프로젝트를 완수하거나 또는 어떠한 해결책을 실행시키는 데에 필요한 스케줄, 일정, 활동 그리고 책임소재 등을 그래픽을 사용하여 보여주기 위한 것이다.

◎ 컨틴전시 플랜은 해결안이 제대로 실행되기 위하여 실행과정 중에 발생할 수 있는 잠정적 문제에 대한 대책을 미리 수립하는 것이다.

◎ 해결안 실행 절차에서 해결안 실행은 초기에는 대상을 좁혀 가능한 것부터 실행하며, 그 과정에서 보완 및 개선하여 해결안의 완성도를 높이고 일정한 수준에 도달하면 전면적으로 전개해 나간다.

5단계- 유지·관리

실행 후 평가하라

해결안을 적용 실행한 후 이 실행(안)이 성공적인 것이냐 아니면 보완·개선을 해야 되는지를 반드시 평가하여야 합니다.

대부분의 기획자는 기획 후 실행한 뒤에 자신이 기획한 기획(안)에 대한 철저한 평가를 하지 않고 그냥 실행한 것만으로 만족합니다. 반드시 자신이 기획한 기획(안)을 실행 후 철저히 모든 과정을 점검해야 합니다.

기획의 5단계에 따라 각 단계별로 제대로 했는지와 부족한 부분이 무엇인지 또한 결과가 기대 이상이 아니면 왜 그런지를 전 기획과정을 통해서 철저히 점검해야 합니다. 기획(안)의 실행에 대한 평가단계에서 해야 할 일은 '성과측정' '계획의 실천 정도 확인' '노력의 가치 확인' '경험으로부터 학습' 입니다.

즉 이런 평가를 통해서,
- 문제의 재발 방지를 위한 장기적 대책을 마련하며
- 해결(안)이 실행과정에서 새로운 문제를 일으키지 않았는지 확인하고
- 기획 즉, 문제해결 과정에서 얻은 교훈을 정리하여 다른 업무나 조직에도 활용할 수 있도록 상호 공유 및 전파를 해야 합니다.

▶ 기획(안)의 실행에 대한 평가시 고려해야 할 사항
- 바람직한 상태가 달성되었는가
- 문제가 재발하지 않을 것을 확신할 수 있는가
- 사전에 목표한 기한, 비용 등은 계획대로 지켜졌는가
- 혹시 또 다른 문제를 발생시키지는 않았는가
- 해결책이 주는 임팩트는 무엇인지 확인하여 보았는가

▶ 기획(안)을 통해서 나온 성과의 공유와 전파
- 기획의 성과물 중 매뉴얼로 작성하여 관리할 부분은 없는가
- 파급효과 측면을 고려할 때 제도화하여야 할 부분은 없는가
- 전 조직원들에게 시급히 확산시키기 위하여 교육할 부분은 없는가

유지 · 관리에 최선을 다하라

이제 마지막으로 우리가 실행한 기획(안)이 한 번이나 일시적으로 잠깐 유지되는 것이 아니라 해결안 적용 단계에서 실행(안)이 개선된 사항으로 계속 유지 · 관리 되어야 합니다. 개선된 현 상태를 유지 · 관리하는 데 10의 비용이 든다면 다시 새롭게 시작하는 것은 100의 비용이 듭니다.

해결안 적용 단계에서 개선된 사항이 계속 유지 · 관리되기 위해서는 도구, 시스템, 담당자가 있어야 합니다.

1. 도구

지속적인 점검을 위한 Tool이 있어야 합니다.

2. 시스템

눈으로 볼 수 있도록 시스템화 또는 주기적인 모니터링을 해야 합니다. 목표수준을 벗어나면 알람 기능이 있어야 합니다.

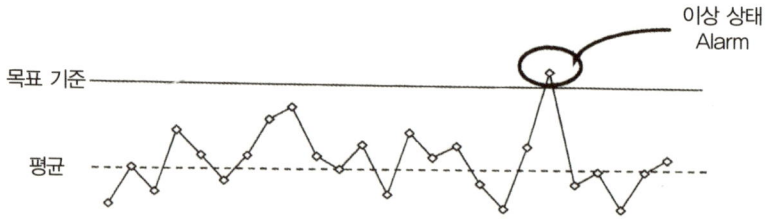

3. 담당자

이상 상태 발생시 원인을 체크하고 해결할 담당자가 있어야 합니다.

 **실행안의 유지·관리의 중요성**

◎ 해결안을 적용 실행한 후 이 실행안이 성공적인 것이냐 아니면 보완·개선해야 되는지를 반드시 평가해야 한다. 해결안의 실행에 대한 평가단계에서 해야 할 일은 '성과측정', '계획의 실천 정도 확인', '노력의 가치 확인', '경험으로부터의 학습'이다.

◎ 실행안을 통해서 나온 성과는 함께 공유하고 전파시켜야 한다.
- 문제해결 성과물 중 매뉴얼로 작성해 관리할 부분은 없는가
- 파급효과 측면을 고려할 때 제도화해야 할 부분은 없는가
- 전 구성원들에게 시급히 확산시키기 위한 교육으로 할 부분은 없는가

◎ 우리가 기획한 해결안이 계속 유지, 관리되기 위해서는 반드시 지속적으로 점검할 수 있는 도구가 있어야 하고, 눈으로 볼 수 있도록 시스템화 또는 주기적인 모니터링해야 하며, 목표수준을 벗어나면 경고해주는 알람 기능이 있어야 한다. 그리고 이상 상태 발생시 원인을 체크하고 해결할 담당자가 있어야 한다.

chapter
05

실용 기획서 작성하기

기획서 작성법

기획서 작성의 5가지 원칙

1. Fact Base : 사실에 근거한다.

기획서에 포함된 내용은 사실에 근거해야 합니다. 느낌(감)에 의한 내용은 실제 전달해야 할 내용을 전달할 수 없을 뿐더러, 피보고자로 하여금 보고자에 대한 신뢰를 저하시킵니다. (In-put Garbage : Out-put Garbage)

2. Zero Base : 선입견과 편견을 버린다.

기획서의 대부분은 개선을 위해 쓰여집니다. 직접 해보지 않고 과거 구태의연한 선입견이나 편견은 버려야 합니다.

3. 납기 준수 : 기간에 맞추어 작성되어야 한다.

아무리 내용이 알찬 기획서라도 필요로 하는 기간이 지나버리면 쓸모가 없습니다. 어떠한 경우라도 납기는 준수되어야 합니다. 이는 개인의 신뢰감과도 직결됩니다.

4. 고객의 입장에서 작성 : 보고받는 사람의 관점에서 작성되어야 한다.

기획서는 피보고자의 입장에서 작성되어야 이해도가 높으며, 질문이 적어집니다. 보고 받는 사람이 어떤 것을 알기 위해 보고서 작성을 요청하였으며, 뭘 궁금해 하는지를 알면 내용의 기교가 덜하더라도 훌륭한 기획서가 될 수 있습니다.

5. 오타 Zero : 기획서에 오타가 있어서는 안 된다.

잘 쓰여진 기획서에 간간히 오타가 들어 있으면, 피보고자로 하여금 불신과 짜증스러움을 유발시킵니다. 특히 숫자의 경우에는 면밀히 작성을 해야 합니다. 오타 선별을 위해 보고 다른 동료들에게 보여주는 것도 많은 도움이 됩니다.

> **바람직하지 못한 기획서 유형**
>
> 1위 : 결론이 무엇인지를 도저히 알 수 없는 "오리무중"형
>
> 2위 : 같은 내용을 반복하는 "질보다 양"형

> 3위 : 근거 없는 주장으로 가득한 "믿거나 말거나"형
> 4위 : 주제와 상관없는 그래프나 그림으로 알맹이 없는 "외화내빈"형
> 5위 : 문자와 숫자로만 정리한 "교과서"형
> 6위 : 지나치게 긴 문장, 이상한 문장으로 구성된 "나홀로 문서"형

기획서를 잘 쓰는 요령

기획서 잘 쓰는 능력을 키우려면 우선 나의 기획서를 읽고 결재를 하는 승인권자를 분석해야 합니다.

우리의 기획서를 읽고 결재할 승인권자를 분석하기 위해서 가능하면 그 사람의 직급, 영향력, 전문경험, 연령, 성격 등을 파악하고 진정 구체적으로 원하는 사항이 무엇인지를 파악해서 기획서를 작성하며, 또한 교육 정도, 지식수준과 그 사람의 선호하는 스타일이 글보다 말로 하는 것을 좋아하는지, 시각적 효과를 선호하는지 등입니다.

일반적으로 승인권자는 기획의 내용을 중요 사항 순으로 나열하고 과정보다 결론을 먼저 제시하며, 문제점보다는 해결책을 제시하는 기획을 좋아합니다. 또 기획자만이 아는 전문용어보다는 알아들을 수 있는 일반용어를 선호합니다.

그리고 기획서는 가능하면 두껍지 않아야 의사결정을 쉽게 내릴 수 있습니다.

> **직급에 따른 업무 관심도**
> ▶ 기획자는 자신이 일을 한 순서대로 보고서를 작성하는 경향이 있음
> ▶ 중간관리자는 기획서의 배경, 문제점, 필요성, 추진방법 수치 등에 관심이 많음
> ▶ 승인권자는 결론, 전체 경향과 비용이나 민심에 관심이 많음

기획서는 제목이 그 기획서를 대변하는 중요한 요소입니다. 즉 제목을 보면 이 기획서를 무슨 내용인지를 한번에 알 수 있어야 합니다.

"제목이 전부이다"라고 말할 수도 있습니다.

따라서 가능하면 임팩트 있는 함축적이고 강한 메시지를 담은 제목을 정할 필요가 있습니다. 제목에 핵심 메시지를 표현하고 있는지 그리고 본문 내용을 15자 내로 압축해서 기억하기 쉬운 단어를 선택(유행어, 키워드)하여 읽는 이의 관심과 흥미를 유도해야 합니다.

> **기획서 제목 잘 쓰는 요령**
> - 제목을 잘 쓰려면 유익한 것을 제목으로 해야 합니다.
> 예) '천재교육법' 보다는 '내 아이도 천재가 될 수 있다'
> - 숫자를 이용해야 합니다.
> 예) '대통령의 비밀' 보다는 '대통령의 4가지 비밀'
> - 부제를 이용합니다.

> 예) '강남개발계획' 제목 밑에 '숙박, 교육, 엔터테인먼트의 복합 주거 공간 창출' 부제를 단다.
> - 질문을 이용합니다.
> 예) '박주영 전격 출격' 보다는 '박주영, 20골의 벽을 넘을 수 있을까?'

혹시 지금도 문장을 길게 쓰고 있지는 않는지 점검해 보아야 합니다. 또 자신이 무의식적이며 습관적으로 자주 쓰는 말을 조심할 필요가 있습니다.

마지막으로 기획서는 글자보다는 그림과 표 등의 도해로 작성해야 합니다. 다시 말해서 도해로 승부를 해야 됩니다.

기획서 도해로 승부하라

기획서는 보고를 받는 고객들의 마음을 얻는 것입니다. 그리고 단지 하얀 종이에 기획자의 의도를 명료하게 나타내야 합니다. 그러기 위해서는 가능한 글자보다는 도해의 형식으로 바로 이해하고 알기 쉬워서 결정을 내리기 쉽게 작성해야 합니다.

〈기획서 작성의 프로세스〉

| 도해의 종류(개념) |

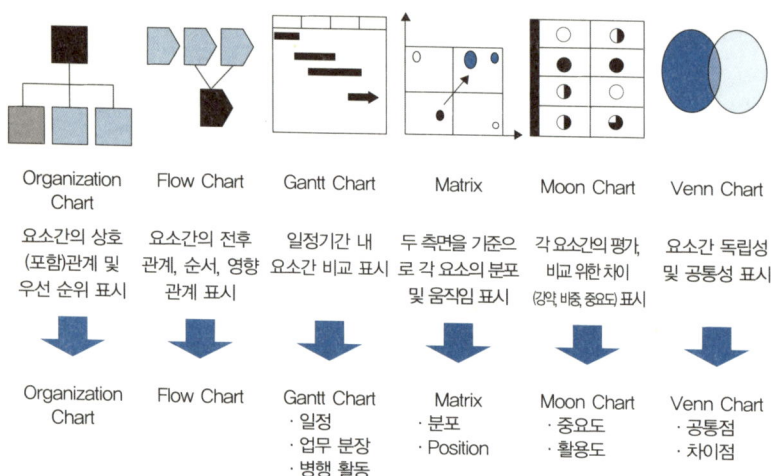

| 도해의 종류(수치) |

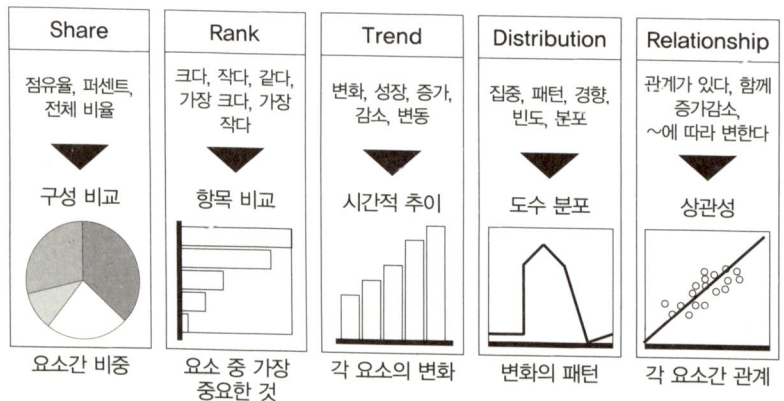

| 기획서의 작성의 사례 |

결론부터 제시하는 이야기 전개 방법

- 결론부터 제시하는 방법
- 보고 받는 사람과 어느 정도 내용의 공유가 있는 경우 효과적 방법
- 빠른 의사결정이 필요한 경우
- 일반적 페이지수 : 10장 내외
- 도입말 : 1장
- 결론 : 1장
- 근거/현상분석 : 3~7장
- 향후 일정 : 1장
- 별첨 : 추가적 설명이 필요한 것만 엄선
※ 페이지 수는 가이드라인입니다. 서류를 작성 하는 사람이 적당하게 활용함

서류 제목
목차
2005. 12. 27
00팀

Ⅰ. 도입말
(Introduction)
☞ 필요시만 사용함

Ⅱ. 결론(So What)
본 보고서의 결론을 보여줌
결론(해결방안) 1
결론(해결방안) 2
결론(해결방안) 3

Ⅲ. 근거 / 현상분석
결론1에 대한 근거 제시
(현상파악, 근본원인, 대책)

결론2에 대한 근거 제시(현상파악, 근본원인, 대책)
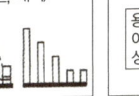

결론3에 대한 근거 제시(현상파악, 근본원인, 대책)

Ⅳ. 향후일정 (Next Step)
도출된 결론에 대한 실행 계획수립

별첨1 (Appendix)
본 보고서에 추가적으로 필요한 설명 및 근거 제시

별첨2 (Appendix)
본 보고서에 추가적으로 필요한 설명 및 근거 제시

근거(Fact)·현상분석부터 제시하는 이야기 전개 방법

- 근거(Fact)/현상분석부터 제시하는 방법
- 보고 받는 사람과 내용 공유가 없었거나, 서로 간 기대 수준이 상이한 경우 효과적 방법임
- 충분한 논의 후 의사결정이 필요한 경우
- 일반적 페이지 수 : 10장 내외
- 도입말 : 1 장
- 근거/현상분석 : 3~7 장
- 결론 : 1장
- 향후 일정 : 1장
- 별첨 : 추가적 설명이 필요한 것만 엄선
※ 페이지 수는 가이드라인입니다. 서류를 작성하는 사람이 적당하게 활용함

서류 제목
목차
2008. 5. 30
00팀

Ⅰ. 도입말
(Introduction)
☞ 필요시만 사용함

Ⅱ. 근거 / 현상분석
결론1에 대한 근거 제시
(현상파악, 근본원인, 대책)
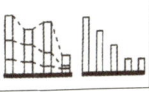

결론2에 대한 근거 제시(현상파악, 근본원인, 대책)
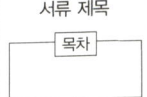

결론3에 대한 근거 제시(현상파악, 근본원인, 대책)
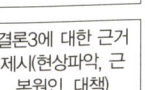

Ⅲ. 결론(So What)
본 보고서의 결론을 보여줌
결론(해결방안) 1
결론(해결방안) 2
결론(해결방안) 3

Ⅳ. 향후일정 (Next Step)
도출된 결론에 대한 실행 계획 수립

별첨1 (Appendix)
본 보고서에 추가적으로 필요한 설명 및 근거 제시

별첨2 (Appendix)
본 보고서에 추가적으로 필요한 설명 및 근거 제시

 **기획서 작성 원칙과 사명**

◎ 기획서 작성의 5원칙

1. Fact Base : 사실에 근거한다.
2. Zero Base : 선입견과 편견을 버린다.
3. 납기 준수 : 기간에 맞추어 작성되어야 한다.
4. 고객의 입장에서 작성 : 보고받는 사람의 관점에서 작성되어야 한다.
5. 오타 Zero : 기획서에 오타가 있어서는 안 된다.

◎ 기획서의 사명

기획서의 필수조건은 이해하기 쉽게 표현하는 것
기획서의 목적은 바로 '기획을 실현'하기 위한 것
즉, 기획서는 결정권을 가진 사람들을 설득하여 내 편에 서게 하기 위한 것

중앙경제평론사
중앙생활사

Joongang Economy Publishing Co./Joongang Life Publishing Co.

중앙경제평론사는 앞서가는 오늘, 보다 나은 내일이라는 신념 아래 설립된 경제·경영서 전문 출판사로서 성공을 꿈꾸는 직장인, 경영인에게 전문지식과 자기계발의 지혜를 주는 책을 발간하고 있습니다.

나와 세상을 바꾸는 기획의 비밀

초판 1쇄 인쇄 | 2008년 7월 20일
초판 1쇄 발행 | 2008년 7월 23일

지은이 | 김종규(Jongkyu Kim)
펴낸이 | 최점옥(Jeomog Choi)
펴낸곳 | 중앙경제평론사(Joongang Economy Publishing Co.)

대　표 | 김용주
편　집 | 한옥수·최진호
기　획 | 박기현
디자인 | 신경선
마케팅 | 강동근
관　리 | 이현정
인터넷 | 김희승
종　이 | 신승지류유통　인쇄·제본 | 신흥P&P

잘못된 책은 바꾸어 드립니다.
가격은 표지 뒷면에 있습니다.

ISBN 978-89-6054-041-5(03320)

등록 | 1991년 4월 10일 제2-1153호
주소 | ㉾100-789 서울시 중구 왕십리길 160(신당5동 171) 도로교통공단 신관 4층
전화 | (02)2253-4463(代)　팩스 | (02)2253-7988
홈페이지 | www.japub.co.kr 이메일 | japub@naver.com | japub21@empal.com
♣ 중앙경제평론사는 중앙생활사의 자매회사입니다.

Copyright © 2008 by 김종규

이 책은 중앙경제평론사가 저작권자와의 계약에 따라 발행한 것이므로 본사의 서면 허락 없이는 어떠한 형태나 수단으로도 이 책의 내용을 이용하지 못합니다.

※ 이 책에 쓰인 본문 종이 E라이트는 국내 기술로 개발한 최신 종이로, 기존의 모조지나 서적지보다 더욱 가볍고 안전하며 눈의 피로를 덜도록 품질을 한 단계 높인 고급지입니다.

▶ 홈페이지에서 구입하시면 많은 혜택이 있습니다.

중앙북샵 www.japub.co.kr
전화주문 : 02) 2253 - 4463

※ 이 도서의 국립중앙도서관 출판시도서목록(CIP)은 e-CIP 홈페이지(www.nl.go.kr/cip.php)에서 이용하실 수 있습니다.(CIP제어번호: CIP2008001972)